Manuale di Comunicazione Assertiva per Medici e Professionisti della Salute

Comunica per Curare e Ascolta per Guarire

Alessandro Ferrari

INDICE

PREFAZIONE

È un grande piacere accoglierti nelle pagine di questo libro, un viaggio che ha l'obiettivo di migliorare la tua capacità di comunicazione assertiva come medico o professionista della salute. In un'epoca di cambiamenti rapidi e significativi, la comunicazione tra medico e paziente ha subito trasformazioni profonde, influenzata dall'accesso immediato alle informazioni online e dall'impatto globale della pandemia di Covid-19.

Sono Alessandro Ferrari, un esperto di comunicazione con oltre 20 anni di esperienza nel campo della formazione. Ho avuto il privilegio di formare più di 135.000 persone, tra cui migliaia di medici e operatori sanitari, e ho visto in prima persona come le competenze comunicative possano trasformare le interazioni professionali e migliorare significativamente l'esperienza dei pazienti.

La nostra società è entrata in un'era in cui le informazioni sono alla portata di tutti. I pazienti arrivano preparati, avendo letto articoli, studi e forum su Internet. Questo ha creato una nuova dinamica, dove il medico non è più l'unica fonte di conoscenza, ma deve confrontarsi con pazienti che spesso hanno già formulato idee e preoccupazioni sulla loro salute. Questa situazione può essere una grande opportunità per instaurare un rapporto di collaborazione, ma può anche rappresentare una sfida significativa.

Inoltre, il Covid ha reso le persone molto più consapevoli e attente alla propria salute e benessere. La salute mentale è diventata un tema di primo piano, e i medici sono chiamati non solo a curare, ma anche a comprendere e supportare i pazienti in modo più empatico e comprensivo.

Questo libro nasce dall'esigenza di fornire strumenti concreti e strategie efficaci per navigare in questa nuova realtà. Non troverai semplici teorie astratte, ma consigli pratici e tecniche collaudate, frutto di esperienze reali e dirette. Ogni capitolo è pensato per offrirti strumenti immediatamente applicabili nel tuo quotidiano professionale, con l'obiettivo di migliorare la qualità delle tue interazioni e il benessere dei tuoi pazienti.

La comunicazione assertiva è il pilastro fondamentale su cui si costruisce una relazione medico-paziente basata sulla fiducia, il rispetto e la comprensione reciproca. Attraverso questo libro, esploreremo insieme come comunicare in modo chiaro, efficace ed empatico, affrontando anche le conversazioni difficili con sicurezza e gestendo le emozioni, sia tue che dei tuoi pazienti.

Capitolo dopo capitolo, scoprirai come migliorare le tue competenze comunicative, gestire i conflitti con i colleghi, e come mantenere un equilibrio tra vita professionale e personale, prevenendo il burnout e mantenendo un alto livello di salute mentale.

Ti invito a leggere questo libro con mente aperta e spirito di crescita. Le sfide che incontrerai lungo il percorso sono opportunità per migliorare e per fare una differenza positiva nella vita dei tuoi pazienti. Il mio augurio è che le competenze che acquisirai potranno aiutarti a diventare non solo un professionista della salute migliore, ma anche una persona più empatica e assertiva.

Grazie per aver scelto di intraprendere questo viaggio con me. È un onore e un privilegio condividere con te queste conoscenze ed esperienze. Che questo libro possa essere per te una guida pratica e un compagno di crescita professionale e personale.

INTRODUZIONE

Ti ringrazio per aver scelto di immergerti in questo libro, un manuale pensato per fornire a medici e professionisti della salute strumenti pratici e strategie efficaci per migliorare la comunicazione con i pazienti e con i colleghi. Viviamo in un'epoca di trasformazioni senza precedenti, dove la relazione tra medico e paziente è stata profondamente influenzata dall'accesso immediato alle informazioni online e dagli effetti della pandemia.

Questo libro nasce dall'esigenza di adattarsi a queste nuove realtà, fornendo competenze che vanno oltre la semplice conoscenza medica. La comunicazione assertiva, empatica e professionale è diventata una componente essenziale del ruolo del medico, necessaria per costruire rapporti di fiducia, gestire le aspettative dei pazienti e affrontare situazioni complesse con sicurezza e competenza.

A chi è rivolto questo libro?

Questo libro è pensato per medici, infermieri, psicologi, fisioterapisti e tutti gli operatori sanitari che si trovano quotidianamente a contatto con pazienti e malati. È una guida per chi desidera migliorare le proprie competenze comunicative, non solo per offrire cure migliori, ma anche per crescere professionalmente e personalmente.

Cosa troverai in questo libro?

Capitolo 1: Cos'è l'Assertività per i Professionisti della Salute?

Inizieremo con una definizione chiara e precisa di assertività nel contesto della salute, esplorando come questo comportamento professionale possa migliorare la comunicazione con i pazienti e contribuire alla crescita personale e professionale.

Capitolo 2: Le Basi della Comunicazione Assertiva per i Professionisti della Salute

Qui scoprirai gli elementi fondamentali della comunicazione, sia verbale che non verbale, e l'importanza di un ascolto empatico. Imparerai come mantenere coerenza tra parole e azioni per costruire relazioni solide e rispettose.

Capitolo 3: Gestire le Conversazioni Difficili con i Pazienti

Affronteremo le tecniche per comunicare notizie difficili, preparare i pazienti e gestire le loro reazioni emotive. Sarai guidato attraverso esempi concreti su come rispondere alle domande dei pazienti in modo chiaro e diretto.

Capitolo 4: Creare Rapporti di Fiducia con i Pazienti

Imparerai a stabilire e mantenere rapporti di fiducia con i pazienti, creando un ambiente accogliente e gestendo le loro aspettative per migliorare complessivamente la loro esperienza.

Capitolo 5: Comunicazione Assertiva con i Colleghi

Questo capitolo è dedicato alla gestione dei conflitti tra colleghi e alla creazione di un ambiente di lavoro collaborativo. Esplorerai tecniche per lavorare in team e mantenere relazioni professionali positive.

Capitolo 6: Gestione della Salute Mentale per i Professionisti della Salute

Scoprirai strategie per bilanciare il lavoro e la vita personale, prevenire il burnout e migliorare la resilienza emotiva. Approfondiremo pratiche di mindfulness e meditazione per mantenere una mente sana nel contesto lavorativo.

Ogni capitolo è pensato per essere una risorsa pratica e immediatamente applicabile nel tuo lavoro quotidiano. Alla fine di ogni capitolo, troverai domande di riflessione per aiutarti a interiorizzare quanto appreso e a riflettere su come applicare queste conoscenze nella tua pratica professionale.

Un viaggio di crescita e miglioramento

Il percorso che intraprenderemo insieme non è solo professionale, ma anche personale. La capacità di comunicare efficacemente, con assertività ed empatia, ti permetterà di costruire relazioni più solide e significative con i tuoi pazienti e colleghi. È un viaggio di crescita continua, dove ogni passo avanti ti avvicina a diventare un professionista della salute non solo competente, ma anche umano e comprensivo.

Sono felice di accompagnarti in questo viaggio, condividendo con te le esperienze e le conoscenze che ho accumulato in oltre 20 anni di lavoro nel campo della formazione. Sono certo che troverai questo libro una guida preziosa per migliorare le tue competenze comunicative e, di conseguenza, la qualità delle cure che offri ai tuoi pazienti.

Ovviamente questo libro non dispensa consigli medici o terapie, questo è il tuo lavoro e non il mio, ma vuole essere una guida concreta per aiutarti a comunicare in modo più efficace con i tuoi pazienti, il tutto nel pieno rispetto dell'etica professionale e del Codice Deontologico.

Grazie per la fiducia che hai scelto di riporre in questo percorso.

Buona lettura e buon lavoro!

Con stima,
Alessandro Ferrari

CAPITOLO 1: COS'È L'ASSERTIVITÀ?

In questo primo capitolo, esploreremo il concetto di assertività nel contesto della salute. L'assertività è una competenza fondamentale per i professionisti sanitari, poiché consente di comunicare in modo chiaro, diretto e rispettoso con i pazienti e i colleghi. Capiremo perché è importante e come può migliorare le interazioni quotidiane, rendendo le relazioni più efficaci e soddisfacenti per tutte le parti coinvolte. Scopriremo come l'assertività non sia solo un tratto caratteriale, ma una competenza che può essere appresa e sviluppata con pratica e consapevolezza.

Definizione di assertività nella salute

L'assertività nel contesto della salute si riferisce alla capacità dei professionisti sanitari di esprimere le proprie opinioni, esigenze e sentimenti in modo aperto e onesto, senza compromettere il rispetto per gli altri. È un equilibrio tra passività e aggressività, che permette di stabilire comunicazioni chiare e relazioni basate sulla fiducia. In questo paragrafo, esploreremo in dettaglio cosa significhi essere assertivi nel settore sanitario, identificando i comportamenti assertivi e i benefici che essi apportano alla pratica medica. Impareremo anche a distinguere l'assertività da altri stili comunicativi meno efficaci.

L'assertività come comportamento professionale

L'assertività è una competenza chiave per i professionisti della salute, poiché influisce direttamente sulla qualità delle interazioni con i pazienti, i colleghi e tutto il team sanitario. Essere assertivi significa esprimere le proprie opinioni, necessità e sentimenti in modo chiaro, diretto e rispettoso, senza ledere i diritti degli altri. In un contesto medico, l'assertività come comportamento professionale offre numerosi vantaggi e richiede un approccio consapevole e strategico.

Chiarezza nella comunicazione

L'assertività permette ai professionisti della salute di comunicare con chiarezza e precisione. Questo è fondamentale nel settore sanitario, dove la comunicazione chiara può fare la differenza tra una diagnosi corretta e un trattamento efficace e un malinteso potenzialmente pericoloso. Un medico assertivo fornisce spiegazioni dettagliate sulle condizioni di salute, le opzioni di trattamento e le implicazioni delle scelte mediche, assicurandosi che il paziente comprenda pienamente ogni aspetto del suo percorso di cura. Questa chiarezza non solo migliora l'aderenza del paziente al trattamento, ma riduce anche l'ansia e le incertezze che possono derivare da una comunicazione ambigua.

Stabilire e mantenere i confini professionali

L'assertività aiuta i professionisti della salute a stabilire e mantenere confini professionali appropriati. In un ambiente spesso stressante e sovraccarico, è essenziale che i medici siano in grado di dire "no" quando necessario, delegare compiti in modo efficace e chiedere aiuto senza sentirsi in colpa. Questo equilibrio aiuta a prevenire il burnout e a garantire che i professionisti possano fornire la migliore assistenza possibile ai loro pazienti. Ad esempio, un medico assertivo saprà gestire le richieste eccessive dei pazienti o dei colleghi senza compromettere la propria salute mentale e fisica.

Gestione dei conflitti

I conflitti sono inevitabili in qualsiasi ambiente di lavoro, e il settore sanitario non fa eccezione. L'assertività fornisce agli operatori sanitari gli strumenti per gestire i conflitti in modo costruttivo, affrontando direttamente i problemi piuttosto che evitarli o affrontarli in modo aggressivo. Questo approccio riduce le tensioni e promuove un ambiente di lavoro più armonioso. Un esempio potrebbe essere un medico che discute un disaccordo su un piano di trattamento con un collega, ascoltando attentamente le preoccupazioni dell'altro e presentando le proprie opinioni in modo chiaro e rispettoso.

Promozione dell'empatia

L'assertività è strettamente legata all'empatia. Essere assertivi non significa solo esprimere i propri bisogni, ma anche riconoscere e rispettare i bisogni degli altri. In un contesto sanitario, questo significa ascoltare attentamente i pazienti, comprendere le loro preoccupazioni e rispondere in modo appropriato. Un comportamento assertivo ed empatico rafforza la fiducia e la relazione terapeutica, elementi fondamentali per un trattamento efficace. Ad esempio, un medico che pratica l'assertività saprà bilanciare l'esigenza di fornire informazioni mediche chiare con l'ascolto attento delle preoccupazioni del paziente, creando un dialogo aperto e costruttivo.

Miglioramento dell'autostima e della fiducia

Essere assertivi migliora l'autostima e la fiducia in se stessi. Per i professionisti della salute, sentirsi sicuri nella propria capacità di esprimere pensieri e sentimenti in modo chiaro e rispettoso contribuisce a un maggiore benessere personale e professionale. Questo livello di fiducia si riflette anche nella qualità delle cure fornite ai pazienti, poiché i medici che si sentono sicuri sono più propensi a prendere decisioni informate e a comunicare in modo efficace. Un esempio potrebbe essere un giovane medico che, grazie alla pratica dell'assertività, riesce a esprimere le proprie opinioni in riunioni cliniche, contribuendo positivamente alle discussioni e decisioni del team.

Esempi pratici di assertività nel contesto sanitario

Un esempio pratico di assertività potrebbe essere quello di un medico che, durante una riunione multidisciplinare, esprime chiaramente il proprio punto di vista su un caso complesso, presentando evidenze a supporto delle sue raccomandazioni e ascoltando rispettosamente le opinioni degli altri membri del team. Un altro esempio potrebbe essere un infermiere che comunica con un paziente difficile, spiegando con calma e chiarezza le procedure mediche necessarie, rispondendo alle domande del paziente e mantenendo un atteggiamento professionale nonostante le difficoltà.

In conclusione, l'assertività come comportamento professionale è fondamentale per migliorare la qualità delle interazioni in ambito sanitario. Essa permette di comunicare con chiarezza, di rispettare e di essere rispettati, di gestire meglio il tempo e lo stress, e di costruire relazioni positive con pazienti e colleghi. Sviluppare questa competenza richiede impegno e pratica, ma i benefici che ne derivano rendono questo percorso estremamente gratificante.

L'importanza dell'assertività per i professionisti della salute

L'assertività è una competenza cruciale per i professionisti della salute, influenzando positivamente vari aspetti del loro lavoro quotidiano e delle relazioni con pazienti e colleghi. Comprendere l'importanza dell'assertività e applicarla consapevolmente può migliorare non solo la qualità delle cure fornite, ma anche il benessere personale e professionale degli operatori sanitari. Esaminiamo i motivi principali per cui l'assertività è così vitale in questo contesto.

Miglioramento della qualità delle cure

La qualità delle cure mediche dipende in larga misura dalla qualità della comunicazione tra medici e pazienti. L'assertività consente ai professionisti della salute di fornire informazioni chiare e comprensibili, garantendo che i pazienti siano pienamente informati sulle loro condizioni, sui trattamenti disponibili e sulle procedure necessarie. Questo non solo aumenta l'aderenza dei pazienti alle raccomandazioni mediche, ma riduce anche il rischio di errori e malintesi che potrebbero compromettere la sicurezza del paziente. Ad esempio, un medico assertivo può spiegare con precisione gli effetti collaterali di un farmaco, permettendo al paziente di prendere decisioni informate sul proprio trattamento.

Aumento della soddisfazione del paziente

I pazienti che si sentono ascoltati e compresi sono generalmente più soddisfatti delle cure ricevute. L'assertività promuove un dialogo aperto e onesto, dove i pazienti possono esprimere le loro preoccupazioni e ricevere risposte esaustive. Questo tipo di comunicazione crea un ambiente di fiducia e rispetto reciproco, che è essenziale per un rapporto terapeutico positivo. Ad esempio, un paziente che si sente libero di esprimere le proprie paure riguardo a una procedura chirurgica e riceve risposte chiare e rassicuranti dal proprio medico sarà più propenso a fidarsi del processo di cura e a seguirlo con maggiore serenità.

Riduzione dello stress lavorativo

Il settore sanitario è noto per essere stressante e impegnativo. L'assertività aiuta i professionisti della salute a gestire meglio lo stress legato al loro lavoro. Essere in grado di esprimere i propri bisogni e sentimenti in modo appropriato riduce l'accumulo di frustrazioni e tensioni. Questo non solo migliora la salute mentale e il benessere dei professionisti, ma anche la loro capacità di fornire cure di alta qualità. Per esempio, un infermiere che può esprimere le proprie preoccupazioni riguardo a carichi di lavoro eccessivi avrà maggiori probabilità di ottenere il supporto necessario per gestire le proprie responsabilità in modo efficace.

Sviluppo di relazioni professionali positive

L'assertività è fondamentale per costruire e mantenere relazioni positive con i colleghi. In un ambiente di lavoro dove la collaborazione e il lavoro di squadra sono essenziali, la capacità di comunicare in modo chiaro e rispettoso è indispensabile. L'assertività permette di affrontare i conflitti in modo costruttivo, risolvendo le divergenze senza generare risentimento. Questo porta a un ambiente di lavoro più armonioso e produttivo. Ad esempio, un medico che discute apertamente un disaccordo con un collega riguardo a un piano di trattamento, ascoltando e rispondendo con rispetto, contribuirà a una migliore collaborazione e decisioni cliniche più informate.

Promozione della crescita personale e professionale

Essere assertivi contribuisce alla crescita personale e professionale dei professionisti della salute. La capacità di esprimere le proprie opinioni e bisogni con sicurezza incrementa l'autostima e la fiducia in sé stessi. Questo si riflette nella capacità di affrontare nuove sfide, di prendere iniziative e di assumere ruoli di leadership. Un esempio può essere un giovane medico che, grazie alla propria assertività, partecipa attivamente alle riunioni cliniche, proponendo idee innovative e contribuendo alla crescita del team.

Garanzia di un ambiente di lavoro etico

L'assertività supporta anche l'adesione ai principi etici e deontologici nel campo della salute. Esprimere apertamente e onestamente preoccupazioni etiche o questioni di integrità professionale è fondamentale per mantenere standard elevati di pratica medica. I professionisti della salute che sono assertivi sono più propensi a denunciare comportamenti non etici e a difendere i diritti dei pazienti, contribuendo a un ambiente di lavoro più giusto e trasparente. Per esempio, un infermiere che segnala un trattamento inadeguato o ingiusto di un paziente sta esercitando un comportamento assertivo che protegge la dignità e il benessere del paziente.

Esempi pratici di assertività nel contesto sanitario

Consideriamo il caso di un medico che deve comunicare una diagnosi complessa a un paziente. Un medico assertivo si assicura che il paziente comprenda appieno la situazione, utilizzando un linguaggio chiaro e accessibile, e verificando la comprensione del paziente attraverso domande aperte. Inoltre, incoraggia il paziente a esprimere dubbi e paure, rispondendo con empatia e senza giudizio.

Un altro esempio potrebbe essere un coordinatore infermieristico che, di fronte a una situazione di carenza di personale, esprime chiaramente le difficoltà al team di gestione, proponendo soluzioni pratiche e chiedendo supporto. Questo tipo di comunicazione assertiva non solo risolve problemi immediati, ma crea un precedente per una comunicazione aperta e collaborativa in futuro.

In conclusione, l'importanza dell'assertività per i professionisti della salute non può essere sottovalutata. Essa influisce positivamente sulla qualità delle cure, sulla soddisfazione del paziente, sulla gestione dello stress, sulle relazioni professionali e sulla crescita personale e professionale. Sviluppare e praticare l'assertività è un investimento che porta benefici duraturi, migliorando il benessere dei professionisti della salute e la qualità dell'assistenza offerta ai pazienti.

Benefici dell'assertività per i professionisti della salute

L'assertività offre numerosi vantaggi ai professionisti della salute, influenzando positivamente diversi aspetti della pratica medica. Essere assertivi significa essere in grado di esprimere chiaramente le proprie opinioni, sentimenti e bisogni, rispettando al contempo quelli degli altri. Questa competenza non solo migliora le relazioni interpersonali, ma anche la qualità delle cure fornite e il benessere dei professionisti stessi. Nei paragrafi seguenti, esploreremo i principali benefici dell'assertività, iniziando con il miglioramento della comunicazione con i pazienti.

Migliorare la comunicazione con i pazienti

La comunicazione efficace è alla base di un rapporto terapeutico di successo. Essere assertivi consente ai professionisti della salute di esprimere in modo chiaro e diretto le informazioni necessarie, migliorando la comprensione e la collaborazione del paziente.

Chiarezza delle informazioni

Quando i medici comunicano assertivamente, forniscono spiegazioni dettagliate e comprensibili sulle condizioni di salute, le opzioni di trattamento e le procedure mediche. Questo aiuta i pazienti a comprendere meglio la loro situazione, riducendo l'ansia e aumentando la fiducia nel processo di cura. Un esempio pratico potrebbe essere un medico che spiega al paziente i benefici e i potenziali effetti collaterali di un nuovo farmaco, utilizzando un linguaggio semplice e verificando la comprensione del paziente attraverso domande e feedback.

Ascolto attivo

L'assertività non riguarda solo l'espressione di sé, ma anche l'ascolto attivo. Un professionista della salute assertivo sa ascoltare attentamente le preoccupazioni e le domande del paziente, rispondendo in modo empatico e rispettoso. Questo tipo di ascolto crea un ambiente di fiducia, dove i pazienti si sentono valorizzati e compresi. Ad esempio, durante una visita, un medico può dimostrare ascolto attivo annuendo, mantenendo il contatto visivo e parafrasando le parole del paziente per assicurarsi di aver compreso correttamente.

Gestione delle aspettative

Un altro aspetto cruciale della comunicazione assertiva è la gestione delle aspettative dei pazienti. Essere chiari e realistici riguardo a cosa aspettarsi da un trattamento o una procedura medica aiuta a prevenire malintesi e frustrazioni. Un medico assertivo stabilisce limiti chiari e comunica i possibili risultati in modo trasparente. Per esempio, un chirurgo potrebbe spiegare sia i benefici attesi di un intervento che i rischi associati, aiutando il paziente a prendere una decisione informata.

Empatia e rispetto

L'assertività consente di mantenere un atteggiamento empatico e rispettoso verso i pazienti. Questo approccio rafforza la relazione terapeutica e facilita una comunicazione aperta e onesta. Un medico assertivo è in grado di esprimere le proprie preoccupazioni o raccomandazioni senza sembrare paternalistico o aggressivo, promuovendo un dialogo bidirezionale. Ad esempio, un medico che discute con un paziente che ha dubbi su un trattamento può farlo in modo da riconoscere e rispettare le preoccupazioni del paziente, pur fornendo informazioni chiare e scientificamente valide.

Aumento dell'aderenza al trattamento

Una comunicazione chiara e assertiva può migliorare significativamente l'aderenza del paziente ai piani di trattamento. Quando i pazienti comprendono appieno le istruzioni mediche e il razionale dietro di esse, sono più propensi a seguire le raccomandazioni del medico. Per esempio, spiegare con precisione l'importanza di assumere i farmaci a orari specifici e discutere delle conseguenze di una mancata aderenza può motivare i pazienti a rispettare il piano terapeutico.

In conclusione, l'assertività migliora la comunicazione con i pazienti, promuovendo chiarezza, ascolto attivo, gestione delle aspettative, empatia e rispetto. Questi elementi sono fondamentali per costruire relazioni terapeutiche solide e per garantire che i pazienti ricevano e comprendano le informazioni necessarie per gestire al meglio la loro salute.

Crescita personale e professionale

L'assertività non solo migliora la qualità delle interazioni professionali, ma favorisce anche una significativa crescita personale e professionale. Essere assertivi consente ai professionisti della salute di sviluppare una maggiore consapevolezza di sé, di gestire meglio le proprie emozioni e di affrontare le sfide del loro lavoro con maggiore fiducia e competenza.

Aumento dell'autostima

Uno dei benefici più evidenti dell'assertività è l'incremento dell'autostima. Quando i professionisti della salute imparano a esprimere le proprie opinioni e bisogni in modo chiaro e rispettoso, sviluppano una maggiore fiducia in se stessi e nelle proprie capacità. Questo aumento dell'autostima si riflette in tutte le aree della loro vita, rendendoli più sicuri nel prendere decisioni e nel gestire situazioni complesse. Ad esempio, un medico che riesce a esprimere chiaramente il proprio punto di vista durante una riunione clinica sentirà un senso di realizzazione e fiducia che influenzerà positivamente la sua pratica quotidiana.

Miglioramento delle competenze comunicative

Essere assertivi richiede l'acquisizione di competenze comunicative avanzate, come l'ascolto attivo, l'empatia e la capacità di esprimersi con chiarezza. Queste competenze sono essenziali non solo per interagire efficacemente con i pazienti, ma anche per collaborare con i colleghi e i membri del team sanitario. Migliorare le proprie abilità comunicative attraverso l'assertività contribuisce a creare un ambiente di lavoro più collaborativo e produttivo. Un esempio potrebbe essere un infermiere che, grazie alle sue competenze comunicative, riesce a coordinare meglio le attività del reparto, migliorando l'efficienza e la qualità delle cure fornite.

Gestione efficace dello stress

L'assertività aiuta i professionisti della salute a gestire lo stress in modo più efficace. Essere in grado di esprimere le proprie esigenze e preoccupazioni riduce l'accumulo di tensioni e frustrazioni, che sono spesso causa di stress cronico e burnout. La capacità di stabilire confini chiari e di delegare compiti quando necessario permette ai professionisti di bilanciare meglio le responsabilità lavorative con il benessere personale. Per esempio, un medico che comunica assertivamente può negoziare orari di lavoro più equilibrati, evitando il sovraccarico e migliorando la qualità della vita lavorativa.

Opportunità di leadership

L'assertività apre anche nuove opportunità di leadership per i professionisti della salute. La capacità di comunicare in modo efficace e di prendere decisioni assertive è una qualità essenziale per i leader nel settore sanitario. Essere assertivi permette di guidare i team con sicurezza, di motivare i colleghi e di gestire i conflitti in modo costruttivo. Un esempio può essere un giovane medico che, grazie alla sua assertività, viene riconosciuto come leader naturale e assume un ruolo di responsabilità nel coordinare un progetto di ricerca o una campagna di prevenzione sanitaria.

Sviluppo di relazioni professionali solide

L'assertività favorisce lo sviluppo di relazioni professionali solide e di fiducia. Essere chiari e diretti nelle interazioni con i colleghi aiuta a evitare malintesi e conflitti, promuovendo un ambiente di lavoro più armonioso e cooperativo. Le relazioni professionali basate sull'assertività sono caratterizzate da un alto livello di rispetto reciproco e di collaborazione, elementi fondamentali per il successo dei team sanitari. Per esempio, un'infermiera che comunica assertivamente con i medici e gli altri membri del team sarà vista come una collaboratrice affidabile e rispettata, migliorando l'efficacia del lavoro di squadra.

Autoconsapevolezza e crescita continua

L'assertività stimola anche l'autoconsapevolezza e la crescita continua. I professionisti della salute che praticano l'assertività sono più propensi a riflettere sulle proprie esperienze, a riconoscere le proprie aree di miglioramento e a cercare attivamente opportunità di sviluppo personale e professionale. Questo atteggiamento proattivo verso l'apprendimento e la crescita contribuisce a mantenere alta la motivazione e a migliorare continuamente le competenze professionali. Un esempio può essere un fisioterapista che, grazie alla sua assertività, partecipa regolarmente a corsi di formazione e workshop per aggiornare le proprie conoscenze e abilità.

In conclusione, l'assertività gioca un ruolo fondamentale nella crescita personale e professionale dei professionisti della salute. Essa contribuisce a migliorare l'autostima, le competenze comunicative, la gestione dello stress, le opportunità di leadership e le relazioni professionali. Inoltre, promuove l'autoconsapevolezza e la crescita continua, rendendo i professionisti più efficaci, motivati e soddisfatti nel loro lavoro. Sviluppare e praticare l'assertività è quindi un investimento prezioso per il benessere personale e il successo professionale nel settore sanitario.

Test Capitolo 1: Valutare la tua assertività

Rispondi a queste domande scegliendo una delle 4 possibili opzioni. Ogni risposta vale un determinato punteggio. Alla fine, ti verrà detto il risultato in base al punteggio ottenuto. Rispondendo a questo test, nessuno vedrà le risposte, quindi sentiti libero di essere totalmente te stesso e non pensare a rispondere la soluzione più corretta, ma quella che più ti rappresenta!

1. Come rispondi alle richieste irragionevoli di tempo o risorse da parte dei colleghi?

A) Accetto sempre per evitare conflitti.

B) Rifiuto senza spiegazioni, perché non ho tempo da perdere.

C) Spiego gentilmente perché non posso aiutare e offro alternative.

D) Cerco di mediare, ma spesso finisco per fare ciò che mi viene chiesto.

2. Come gestisci i conflitti con i pazienti che non seguono le tue raccomandazioni mediche?

A) Ignoro il comportamento del paziente e continuo come al solito.

B) Divento frustrato e li critico apertamente.

C) Cerco di capire le loro ragioni e spiego nuovamente le raccomandazioni.

D) Li lascio fare quello che vogliono per evitare discussioni.

3. Quando ricevi una critica da un supervisore, come reagisci?

A) Mi difendo immediatamente e non accetto la critica.

B) Mi sento demoralizzato e non so come reagire.

C) Ascolto attentamente e cerco di trarre insegnamenti dalla critica.

D) Acconsento a tutto pur di evitare ulteriori discussioni.

4. Se noti un comportamento non etico da parte di un collega, cosa fai?

A) Faccio finta di niente per evitare problemi.

B) Lo affronto in modo aggressivo e gli dico di smettere.

C) Segnalo il comportamento alle autorità competenti in modo professionale.

D) Parlo con il collega privatamente e cerco di risolvere il problema insieme.

5. Come gestisci il tuo carico di lavoro quando sei sovraccarico?

A) Accetto tutti i compiti senza lamentarmi.

B) Mi lamento con i colleghi, ma non faccio nulla per cambiare la situazione.

C) Parlo con il mio supervisore e negozio una riduzione del carico di lavoro.

D) Ignoro il problema sperando che si risolva da solo.

Analisi dei risultati

Interpretazione del tuo punteggio nel test di assertività nelle relazioni professionali:

Se hai ottenuto una maggioranza di risposte A:

La tua tendenza a evitare i conflitti e a soddisfare sempre le richieste degli altri può portarti a sentirti sfruttato e stressato. È importante imparare a esprimere i tuoi bisogni e a stabilire dei confini chiari. Cerca di praticare l'assertività in modo graduale, iniziando con situazioni meno critiche.

Se hai ottenuto una maggioranza di risposte B:

Tendi ad affrontare le situazioni con un approccio aggressivo o evitante, il che può creare tensioni e conflitti. L'assertività ti aiuterà a comunicare in modo più equilibrato ed efficace. Prova a riconoscere i tuoi sentimenti e a esprimerli in modo rispettoso e costruttivo.

Se hai ottenuto una maggioranza di risposte C:

Dimostri un buon equilibrio di assertività ed empatia, essenziale per mantenere relazioni professionali sane e costruttive. Il tuo approccio ti permette di esprimere le tue idee e al contempo valorizzare quelle altrui, creando un ambiente di mutuo rispetto e comprensione. Continua a coltivare queste competenze attraverso la pratica costante.

Se hai ottenuto una maggioranza di risposte D:

La tua natura accomodante e pacifica è una qualità preziosa, ma è importante assicurarsi che non conduca alla negazione dei propri bisogni

. Esprimere i propri bisogni e opinioni è vitale per mantenere relazioni bilanciate e autentiche. Rifletti su come puoi affermare le tue esigenze con assertività, garantendo che la tua voce venga ascoltata.

Riflessione finale

Questo test è un utile strumento di riflessione che ti aiuta a comprendere come gestisci la comunicazione e i conflitti nelle tue relazioni professionali. Utilizzalo per valutare i tuoi progressi e identificare aree di miglioramento. Continuare a sviluppare una comunicazione più assertiva e consapevole potrà non solo rafforzare le tue relazioni esistenti, ma anche aiutarti a formarne di nuove più ricche e soddisfacenti.

Domande di Riflessione

Le domande di riflessione sono strumenti preziosi per aiutarti a pensare in modo più approfondito alle tue esperienze di comunicazione e a come puoi applicare le nuove conoscenze nella tua vita quotidiana. Rispondendo a queste domande, potrai interiorizzare meglio i concetti trattati nel capitolo e stimolare un esame critico delle tue pratiche comunicative. Utilizzale per valutare i tuoi progressi, identificare aree di miglioramento e sviluppare un piano d'azione per diventare un professionista della salute più assertivo ed efficace.

1. Definizione di assertività nella salute

L'assertività come comportamento professionale

Come descriveresti il tuo attuale stile comunicativo nel contesto professionale?

Rifletti su situazioni recenti in cui hai dovuto comunicare con colleghi o pazienti. Sei stato più assertivo, passivo o aggressivo?

Quali sono le principali sfide che incontri nel comunicare in modo assertivo?

Identifica gli ostacoli che ti impediscono di essere assertivo. Sono legati alla tua personalità, al contesto lavorativo o ad altre circostanze?

In che modo puoi iniziare a praticare l'assertività nelle tue interazioni quotidiane?

Pensa a piccoli cambiamenti che puoi fare nel tuo modo di comunicare. Potrebbe essere utile iniziare con situazioni meno stressanti per acquisire confidenza.

L'importanza dell'assertività per i professionisti della salute

Come pensi che l'assertività possa migliorare la qualità delle cure che fornisci ai tuoi pazienti?

Rifletti su esempi specifici in cui una comunicazione più assertiva potrebbe fare la differenza.

Quali benefici personali credi di poter ottenere sviluppando un comportamento più assertivo?

Considera come l'assertività può influire sulla tua autostima, gestione dello stress e soddisfazione lavorativa.

2. Benefici dell'assertività per i professionisti della salute

Migliorare la comunicazione con i pazienti

Puoi ricordare un'occasione in cui una comunicazione poco chiara ha creato problemi con un paziente?

Analizza cosa è andato storto e come una comunicazione più assertiva avrebbe potuto migliorare la situazione.

Quali strategie puoi adottare per migliorare la chiarezza delle tue comunicazioni con i pazienti?

Pensa a tecniche specifiche come l'ascolto attivo, l'uso di un linguaggio semplice e la verifica della comprensione del paziente.

In che modo l'assertività può aiutarti a gestire le aspettative dei pazienti?

Riflettere su come essere chiari e realistici nelle comunicazioni può prevenire malintesi e frustrazioni.

Crescita personale e professionale

Come può l'assertività influenzare la tua crescita professionale?

Pensa a come l'essere assertivo può aprirti nuove opportunità di leadership e sviluppo professionale.

Quali passi concreti puoi intraprendere per migliorare la tua assertività e quindi la tua autostima?

Identifica azioni specifiche che puoi iniziare a praticare, come chiedere feedback, partecipare a corsi di formazione o praticare tecniche di assertività.

In che modo la gestione efficace dello stress può migliorare il tuo benessere complessivo come professionista della salute?

Rifletti su come l'assertività può aiutarti a stabilire confini chiari e a gestire meglio il tuo carico di lavoro.

Puoi identificare una situazione in cui la tua assertività ha portato a un miglioramento nelle relazioni professionali?

Pensa a un caso specifico in cui la tua comunicazione assertiva ha facilitato una migliore collaborazione o risoluzione dei conflitti.

Utilizza queste domande di riflessione come guida per approfondire la tua comprensione dell'assertività e per sviluppare un piano concreto di miglioramento nelle tue interazioni quotidiane. Questo processo di riflessione ti aiuterà a diventare un professionista della salute più efficace, empatico e rispettato.

CAPITOLO 2: LE BASI DELLA COMUNICAZIONE ASSERTIVA

In questo capitolo, esploreremo le fondamenta della comunicazione assertiva specificamente applicata al contesto sanitario. La comunicazione assertiva è una competenza chiave che consente ai professionisti della salute di interagire in modo efficace e rispettoso con pazienti, colleghi e altre figure professionali. Comprendere e padroneggiare questi elementi essenziali non solo migliorerà la qualità delle cure fornite, ma anche il benessere personale e professionale degli operatori sanitari. Approfondiremo gli elementi principali della comunicazione nella salute, esaminando come ciascun componente contribuisca a costruire relazioni solide e produttive.

Elementi della comunicazione nella salute

La comunicazione efficace in ambito sanitario è composta da vari elementi che, se integrati correttamente, possono migliorare significativamente le interazioni con i pazienti e i colleghi. Esploreremo questi elementi fondamentali per comprendere come ciascuno di essi contribuisca a creare una comunicazione assertiva e professionale.

Comunicazione verbale con i pazienti

La comunicazione verbale è uno degli strumenti più potenti a disposizione dei professionisti della salute. Essa comprende l'uso delle parole per trasmettere informazioni, esprimere empatia e costruire una relazione di fiducia con i pazienti. La scelta delle parole, il tono di voce e la chiarezza del messaggio sono fondamentali per garantire che la comunicazione sia efficace e assertiva.

Chiarezza e semplicità del linguaggio

Uno degli aspetti più importanti della comunicazione verbale con i pazienti è l'uso di un linguaggio chiaro e semplice. I termini medici possono spesso essere complessi e intimidatori per i pazienti, per cui è fondamentale tradurre queste informazioni in un linguaggio comprensibile. Ad esempio, invece di dire "Il tuo esame ematologico ha rivelato una leucocitosi," un medico potrebbe dire "Il tuo esame del sangue ha mostrato un numero elevato di globuli bianchi, che può indicare un'infezione."

Utilizzo di frasi concise

La concisione è cruciale nella comunicazione sanitaria. Fornire troppe informazioni in una volta può sopraffare i pazienti, rendendo difficile per loro ricordare e comprendere tutto ciò che viene detto. È preferibile fornire informazioni in modo strutturato, utilizzando frasi brevi e focalizzate. Ad esempio, "Hai bisogno di prendere questa medicina tre volte al giorno" è più efficace di "Devi prendere questo farmaco più o meno ogni otto ore."

Ripetizione delle informazioni chiave

Ripetere le informazioni importanti aiuta a garantire che i pazienti le comprendano e le ricordino. Questa tecnica può essere particolarmente utile quando si discute di piani di trattamento o istruzioni post-operatorie. Dopo aver spiegato una procedura, il medico potrebbe dire: "Per essere chiari, dovrai prendere questa medicina al mattino, a mezzogiorno e alla sera."

Verifica della comprensione

Assicurarsi che il paziente abbia compreso correttamente le informazioni è fondamentale. Questo può essere fatto chiedendo al paziente di ripetere ciò che ha capito. Ad esempio, "Puoi spiegarmi come prenderai questo farmaco?" Questa tecnica non solo conferma la comprensione, ma coinvolge attivamente il paziente nel processo di cura.

Empatia e rassicurazione

L'empatia è un elemento cruciale della comunicazione verbale. I professionisti della salute devono essere in grado di riconoscere e rispondere alle emozioni dei pazienti. Frasi come "Capisco che questa notizia possa essere preoccupante" o "Sono qui per aiutarti a capire e a superare questa situazione" possono fare una grande differenza. L'empatia costruisce fiducia e sicurezza, migliorando l'alleanza terapeutica.

Uso del linguaggio positivo

Utilizzare un linguaggio positivo può influenzare significativamente la percezione del paziente riguardo alle informazioni fornite. Ad esempio, invece di dire "Non preoccuparti, non è niente di grave," che può suonare condiscendente, si potrebbe dire "Possiamo affrontare questo problema insieme, e ci sono buone possibilità di miglioramento." Questo approccio incoraggia un atteggiamento più ottimista e collaborativo.

Rispondere alle domande in modo esaustivo

I pazienti spesso hanno domande riguardo alla loro salute e ai trattamenti. Rispondere in modo completo e paziente è fondamentale per rassicurare e informare. Prendersi il tempo per spiegare e chiarire eventuali dubbi rafforza la fiducia del paziente nel professionista della salute. Ad esempio, se un paziente chiede informazioni su un effetto collaterale, il medico potrebbe rispondere: "Questo farmaco può causare qualche fastidio allo stomaco. Se succede, puoi prenderlo con il cibo per ridurre il disagio. Se i sintomi persistono, contattami e possiamo discutere altre opzioni."

Evitare il linguaggio tecnico

Evitare l'uso eccessivo di termini tecnici è essenziale per una comunicazione efficace. Sebbene i termini tecnici siano importanti per la precisione, possono confondere e intimidire i pazienti. Utilizzare termini più comuni e spiegare quelli tecnici quando necessario può aiutare a mantenere una comunicazione chiara e accessibile.

Adattare la comunicazione al paziente

Ogni paziente è diverso e ha bisogni comunicativi unici. Adattare lo stile di comunicazione alle caratteristiche individuali del paziente, come il livello di istruzione, l'età e la condizione emotiva, è fondamentale per garantire la comprensione e la cooperazione. Per esempio, parlare con un bambino richiede un approccio diverso rispetto a parlare con un adulto anziano. Utilizzare metafore semplici o storie può essere utile per spiegare concetti complessi ai bambini.

In conclusione, la comunicazione verbale con i pazienti è un elemento fondamentale della pratica sanitaria assertiva. Utilizzando un linguaggio chiaro, ripetendo le informazioni chiave, verificando la comprensione, mostrando empatia e adattando la comunicazione alle esigenze del paziente, i professionisti della salute possono migliorare significativamente la qualità delle cure fornite e la soddisfazione dei pazienti. La padronanza di queste competenze comunicative è essenziale per costruire relazioni di fiducia e collaborare efficacemente con i pazienti nel loro percorso di cura.

Comunicazione para verbale con i pazienti

La comunicazione para verbale si riferisce a tutti gli aspetti della comunicazione che accompagnano le parole pronunciate, come il tono di voce, il ritmo, il volume e le pause. Questi elementi sono fondamentali per trasmettere emozioni e intenzioni, e possono influenzare significativamente la percezione e la comprensione del messaggio da parte dei pazienti.

Tono di voce

Il tono di voce è uno degli aspetti più importanti della comunicazione para verbale. Un tono di voce caldo e rassicurante può mettere a proprio agio i pazienti, mentre un tono freddo o irritato può generare ansia e diffidenza. I professionisti della salute devono essere consapevoli del loro tono di voce e cercare di modulare le proprie espressioni vocali in modo da trasmettere empatia e sicurezza. Ad esempio, durante la comunicazione di una diagnosi, un tono calmo e rassicurante può aiutare il paziente a sentirsi supportato e compreso.

Volume della voce

Il volume della voce deve essere adeguato alla situazione e al contesto. Parlare troppo forte può sembrare aggressivo o impaziente, mentre parlare troppo piano può risultare insicuro o non autorevole. È importante trovare un equilibrio, utilizzando un volume di voce che sia udibile ma non eccessivo. Ad esempio, in una stanza d'ospedale tranquilla, un tono moderato è più appropriato rispetto a un volume alto che potrebbe disturbare altri pazienti.

Ritmo della conversazione

Il ritmo della conversazione, o la velocità con cui si parla, è un altro elemento cruciale. Parlare troppo velocemente può rendere difficile per i pazienti seguire e comprendere le informazioni, mentre parlare troppo lentamente può sembrare condiscendente. Un ritmo moderato, con pause strategiche per permettere al paziente di processare le informazioni, è ideale. Durante una spiegazione complessa, ad esempio, fare delle pause per chiedere se il paziente ha domande o se ha bisogno di ulteriori chiarimenti può essere molto utile.

Pause e silenzi

Le pause e i silenzi sono strumenti potenti nella comunicazione para verbale. Utilizzare pause strategiche può aiutare a sottolineare punti importanti e dare al paziente il tempo di riflettere su ciò che è stato detto. I silenzi possono anche essere utilizzati per mostrare rispetto e attenzione, permettendo al paziente di esprimersi senza interruzioni. Ad esempio, dopo aver comunicato una notizia difficile, una breve pausa può dare al paziente il tempo di elaborare l'informazione e formulare domande.

Intonazione

L'intonazione, o l'andamento melodico della voce, può influenzare la percezione del messaggio. Un'intonazione variata può mantenere l'attenzione del paziente e rendere la comunicazione più coinvolgente. Al contrario, un'intonazione monotona può risultare noiosa e far perdere l'interesse del paziente. Utilizzare variazioni di intonazione per enfatizzare punti chiave può rendere il messaggio più efficace e memorabile.

Rispetto delle emozioni del paziente

La comunicazione para verbale deve anche riflettere un rispetto genuino per le emozioni del paziente. Ad esempio, un tono di voce che mostra comprensione e sostegno è cruciale quando si parla di argomenti sensibili o emotivi. Questo aiuta a creare un ambiente sicuro e di fiducia, essenziale per una comunicazione efficace e assertiva.

Coerenza tra messaggio verbale e para verbale

È fondamentale che il messaggio verbale e quello para verbale siano coerenti. Incoerenze tra ciò che viene detto e come viene detto possono creare confusione e minare la fiducia del paziente. Ad esempio, dire "Non c'è nulla di cui preoccuparsi" con un tono di voce ansioso invia un messaggio contraddittorio che può aumentare l'ansia del paziente. La coerenza tra parole e tono di voce aiuta a rafforzare il messaggio e a costruire fiducia.

Feedback e adattamento

Ascoltare il feedback non verbale dei pazienti e adattare di conseguenza il proprio stile di comunicazione è un segno di buona pratica para verbale. I pazienti possono dare segnali non verbali che indicano confusione, disagio o comprensione. Adattare il tono, il ritmo e il volume della voce in risposta a questi segnali aiuta a migliorare la comprensione e la collaborazione. Ad esempio, se un paziente appare confuso, potrebbe essere utile rallentare il ritmo e usare un tono più rassicurante per chiarire le informazioni.

In conclusione, la comunicazione para verbale è un componente essenziale della pratica sanitaria assertiva. La consapevolezza e la gestione efficace del tono, volume, ritmo, pause, intonazione e coerenza tra messaggi verbali e para verbali possono migliorare significativamente la qualità delle interazioni con i pazienti. Questi elementi aiutano a trasmettere empatia, chiarezza e rispetto, fondamentali per costruire relazioni di fiducia e collaborare efficacemente con i pazienti nel loro percorso di cura.

Comunicazione non verbale con i pazienti

La comunicazione non verbale è un elemento cruciale nelle interazioni mediche. Comprende tutte le forme di comunicazione che non utilizzano le parole, come il linguaggio del corpo, la postura, la prossemica, e le espressioni facciali. Questi elementi possono trasmettere empatia, comprensione e rispetto, o, al contrario, possono creare distanza e incomprensioni se non gestiti correttamente.

Linguaggio del corpo

Il linguaggio del corpo è uno dei principali componenti della comunicazione non verbale. Comprende gesti, movimenti e posture che possono comunicare molto più delle parole stesse. Un professionista della salute deve essere consapevole del proprio linguaggio del corpo e di quello del paziente per garantire una comunicazione efficace.

Gesti: I gesti possono sottolineare o enfatizzare ciò che viene detto. Ad esempio, un medico che usa gesti aperti e rilassati comunica disponibilità e apertura. Al contrario, gesti nervosi o chiusi possono trasmettere ansia o disinteresse. Utilizzare gesti che accompagnano e rafforzano le parole aiuta a rendere il messaggio più chiaro e convincente.

Movimenti: Movimenti lenti e deliberati trasmettono calma e sicurezza, mentre movimenti rapidi o irrequieti possono indicare nervosismo o impazienza. Ad esempio, un medico che si muove con calma durante una visita ispira fiducia e professionalità.

Postura

La postura è un altro aspetto fondamentale della comunicazione non verbale. La maniera in cui una persona si posizione può comunicare molto riguardo al suo stato d'animo e alla sua disponibilità ad interagire.

Postura aperta: Una postura aperta, con le spalle rilassate e il corpo rivolto verso il paziente, trasmette accoglienza e attenzione. Ad esempio, sedersi con una postura eretta e leggermente inclinata verso il paziente indica interesse e coinvolgimento.

Postura chiusa: Una postura chiusa, come incrociare le braccia o le gambe, può suggerire di essere sulla difensiva o disinteresse. Per esempio, un medico che incrocia le braccia mentre parla con un paziente può inconsciamente comunicare una mancanza di disponibilità.

Prossemica

La prossemica si riferisce all'uso dello spazio personale nelle interazioni. La distanza tra il professionista della salute e il paziente può influenzare la qualità della comunicazione.

Distanza appropriata: Mantenere una distanza adeguata è essenziale per rispettare lo spazio personale del paziente e per garantire comfort. Una distanza troppo ravvicinata può risultare invadente, mentre una distanza eccessiva può creare una sensazione di distacco. Solitamente, una distanza di circa un metro è considerata appropriata durante le visite mediche.

Movimento nello spazio: Muoversi nello spazio in modo fluido e non invadente aiuta a mantenere una comunicazione efficace. Ad esempio, avvicinarsi leggermente al paziente quando si ascoltano le sue preoccupazioni può mostrare empatia e attenzione, mentre allontanarsi può segnalare la fine di una discussione.

Espressioni del viso

Le espressioni facciali sono fondamentali nella comunicazione non verbale, poiché possono trasmettere un'ampia gamma di emozioni e intenzioni.

Sorriso: Un sorriso genuino può mettere a proprio agio i pazienti e creare un'atmosfera positiva. Un medico che sorride sinceramente durante l'interazione può trasmettere calore e comprensione, facilitando una comunicazione aperta e sincera.

Contatto visivo: Il contatto visivo è cruciale per creare un legame con il paziente e mostrare attenzione. Guardare negli occhi il paziente mentre si parla e si ascolta dimostra interesse e rispetto. Tuttavia, è importante non fissare troppo a lungo, poiché questo potrebbe risultare intimidatorio.

Espressioni di empatia: Mostrare espressioni facciali che riflettono empatia, come annuire leggermente o inclinare la testa, aiuta a comunicare comprensione e sostegno. Ad esempio, un medico che annuisce e mantiene un'espressione comprensiva mentre un paziente descrive i suoi sintomi può far sentire il paziente ascoltato e valorizzato.

Coerenza tra comunicazione verbale e non verbale

È essenziale che la comunicazione verbale e non verbale siano coerenti. Incoerenze possono causare confusione e minare la fiducia del paziente. Ad esempio, dire "Sono qui per aiutarti" con un'espressione facciale seria e le braccia incrociate può inviare messaggi contrastanti. La coerenza tra ciò che viene detto e come viene detto rafforza il messaggio e costruisce fiducia.

Interpretazione dei segnali non verbali dei pazienti

I professionisti della salute devono anche essere abili nell'interpretare i segnali non verbali dei pazienti. Questi segnali possono fornire importanti informazioni sullo stato emotivo e fisico del paziente.

Disagio: Segnali come il contorcersi, evitare il contatto visivo o movimenti nervosi possono indicare disagio o ansia. Riconoscere questi segnali permette al medico di affrontare le preoccupazioni del paziente in modo tempestivo.

Coinvolgimento: Segnali come annuire, mantenere il contatto visivo e avere una postura aperta indicano che il paziente è coinvolto e ricettivo. Utilizzare questi feedback non verbali per adattare la propria comunicazione può migliorare l'efficacia dell'interazione.

In conclusione, la comunicazione non verbale è un componente essenziale della pratica sanitaria assertiva. Il linguaggio del corpo, la postura, la prossemica e le espressioni facciali sono strumenti potenti che possono migliorare significativamente la qualità delle interazioni con i pazienti. La consapevolezza e la gestione efficace di questi elementi non verbali aiutano a trasmettere empatia, rispetto e comprensione, costruendo relazioni di fiducia e collaborando efficacemente con i pazienti nel loro percorso di cura.

Comunicazione efficace nella salute

Una comunicazione efficace è essenziale per garantire che le informazioni siano trasmesse in modo chiaro, comprensibile e rispettoso. Nel contesto sanitario, una comunicazione efficace può migliorare significativamente l'esperienza del paziente e la qualità delle cure fornite. Essa richiede una combinazione di competenze verbali, para verbali e non verbali, unite a un'attenzione costante alla coerenza tra ciò che viene detto e ciò che viene fatto. In questo paragrafo, ci concentreremo sull'importanza della coerenza tra parole e azioni come elemento fondamentale per una comunicazione efficace nella salute.

Coerenza tra parole e azioni

La coerenza tra parole e azioni è un principio fondamentale della comunicazione assertiva ed efficace. In ambito sanitario, i professionisti devono assicurarsi che ciò che dicono sia supportato dalle loro azioni. Questa coerenza costruisce fiducia, credibilità e rispetto tra medico e paziente, elementi essenziali per un rapporto terapeutico positivo.

Importanza della coerenza

La coerenza tra parole e azioni è cruciale per diversi motivi:

Costruzione della fiducia: I pazienti sono più propensi a fidarsi dei professionisti della salute che dimostrano coerenza tra ciò che dicono e ciò che fanno. Quando un medico promette qualcosa e poi agisce in conformità con quella promessa, dimostra integrità e affidabilità. Ad esempio, se un medico dice a un paziente che sarà disponibile per rispondere a domande post-operazione e poi effettivamente risponde prontamente alle chiamate o alle e-mail del paziente, il paziente si sentirà più sicuro e fiducioso.

Riduzione dell'ansia del paziente: La coerenza riduce l'incertezza e l'ansia nei pazienti. Sapere che possono contare su ciò che viene detto dal loro medico aiuta a creare un ambiente di cura più rassicurante. Ad esempio, se un medico spiega chiaramente i passi di una procedura e poi li segue esattamente come descritto, il paziente sarà meno ansioso e più collaborativo.

Promozione della comprensione: La coerenza facilita la comprensione. Quando le parole e le azioni sono allineate, i pazienti hanno meno probabilità di essere confusi o fraintesi. Per esempio, spiegare una procedura medica mentre la si esegue, con ogni passo che segue esattamente la descrizione fornita, aiuta il paziente a seguire e comprendere meglio il processo.

Esempi di coerenza nella pratica clinica

Promesse e follow-up: Se un medico promette di inviare i risultati di un test entro un certo tempo, è essenziale che lo faccia effettivamente. Mantenere le promesse rafforza la fiducia e mostra rispetto per il paziente. Ad esempio, un medico che promette di richiamare un paziente con i risultati di un esame e lo fa nei tempi concordati dimostra affidabilità e rispetto.

Comunicazione delle aspettative: Se un medico comunica che una determinata attività o terapia sarà eseguita in un certo modo, è cruciale che la esegua esattamente come descritto. Questo non solo rafforza la fiducia, ma aiuta anche a evitare malintesi. Ad esempio, se un fisioterapista spiega che una sessione di terapia includerà esercizi specifici e poi li esegue come previsto, il paziente saprà cosa aspettarsi e sarà più coinvolto.

Coerenza nel comportamento quotidiano

Puntualità e rispetto del tempo: Essere puntuali agli appuntamenti e rispettare il tempo dei pazienti è un esempio di coerenza tra parole e azioni. Dire che il tempo del paziente è prezioso e poi dimostrarlo rispettando gli orari degli appuntamenti rafforza il rispetto reciproco. Ad esempio, un medico che afferma che rispetta l'orario degli appuntamenti e poi effettivamente vede i pazienti all'ora programmata dimostra coerenza e rispetto.

Attenzione e ascolto: Affermazioni come "Sono qui per ascoltarti" devono essere supportate da un comportamento che dimostra ascolto attivo. Questo include fare domande pertinenti, rispondere con empatia e non interrompere il paziente. Un medico che afferma di voler ascoltare le preoccupazioni del paziente e poi dedica tempo sufficiente durante le visite per farlo, dimostra coerenza e attenzione autentica.

Sfide nella mantenere la coerenza

Mantenere la coerenza tra parole e azioni può essere sfidante a causa di vari fattori, come il carico di lavoro, lo stress e le emergenze impreviste. Tuttavia, essere consapevoli di queste sfide e lavorare attivamente per superarle è essenziale. Ad esempio, se un medico promette di chiamare un paziente ma non riesce a farlo a causa di un'emergenza, è importante spiegare la situazione al paziente e riorganizzare la chiamata il prima possibile.

Strategie per migliorare la coerenza

Pianificazione e organizzazione: Pianificare e organizzare le attività giornaliere può aiutare a mantenere le promesse e rispettare gli impegni. Utilizzare strumenti come agende e promemoria può essere utile per tenere traccia delle promesse fatte ai pazienti.

Comunicazione chiara e onesta: Essere chiari e onesti riguardo a ciò che si può realisticamente offrire aiuta a evitare promesse non mantenute. È meglio comunicare chiaramente le limitazioni piuttosto che fare promesse che non possono essere mantenute.

Feedback e miglioramento continuo: Chiedere feedback ai pazienti e ai colleghi può aiutare a identificare aree in cui la coerenza può essere migliorata. Utilizzare questo feedback per apportare modifiche e migliorare continuamente la pratica.

In conclusione, la coerenza tra parole e azioni è fondamentale per una comunicazione efficace nella salute. Essa costruisce fiducia, riduce l'ansia del paziente, promuove la comprensione e dimostra rispetto. Affrontare le sfide e adottare strategie per migliorare la coerenza può portare a interazioni più positive e a una qualità delle cure significativamente migliore.

L'importanza dell'ascolto empatico

L'ascolto empatico è una componente cruciale della comunicazione efficace nella salute. Per i professionisti della salute, sviluppare la capacità di ascoltare empaticamente significa non solo comprendere le parole del paziente, ma anche cogliere le emozioni e le preoccupazioni che si celano dietro quelle parole. Questo tipo di ascolto va oltre l'ascolto passivo e richiede un impegno attivo e consapevole per entrare in sintonia con l'esperienza del paziente.

Definizione di ascolto empatico

L'ascolto empatico è la capacità di comprendere e condividere i sentimenti dell'altro. Nel contesto sanitario, implica ascoltare con l'intenzione di comprendere completamente il punto di vista del paziente, riconoscendo le sue emozioni e rispondendo in modo che il paziente si senta realmente ascoltato e compreso. Questo approccio aiuta a costruire una relazione di fiducia e facilita una comunicazione più aperta e sincera.

Benefici dell'ascolto empatico

Costruzione della fiducia: Quando i pazienti percepiscono che il loro medico li ascolta veramente, sono più propensi a fidarsi e a seguire le raccomandazioni mediche. La fiducia è fondamentale per una relazione terapeutica efficace e per migliorare l'aderenza ai trattamenti. Un esempio pratico può essere un paziente che, sentendosi ascoltato e compreso, è più disposto a discutere apertamente dei sintomi o delle difficoltà nel seguire una terapia.

Riduzione dell'ansia e dello stress: L'ascolto empatico può alleviare l'ansia e lo stress del paziente. Sapere che qualcuno è lì per ascoltare e comprendere le loro preoccupazioni può essere estremamente rassicurante. Ad esempio, un paziente che esprime preoccupazioni riguardo a un intervento chirurgico può sentirsi più calmo se il medico ascolta attentamente, riconosce le sue paure e offre spiegazioni chiare e rassicuranti.

Miglioramento della comunicazione: L'ascolto empatico facilita una comunicazione più efficace, in quanto incoraggia i pazienti a condividere informazioni importanti riguardo alla loro salute. Questo può portare a diagnosi più accurate e a piani di trattamento più adeguati. Per esempio, un paziente che si sente ascoltato potrebbe essere più incline a rivelare sintomi che inizialmente aveva omesso per timore di non essere preso sul serio.

Aumento della soddisfazione del paziente: I pazienti che sentono di essere ascoltati in modo empatico tendono a essere più soddisfatti delle cure ricevute. La soddisfazione del paziente è un indicatore chiave della qualità dell'assistenza sanitaria e può influenzare positivamente i risultati clinici. Ad esempio, un paziente che percepisce di essere trattato con rispetto e comprensione è più probabile che lasci una valutazione positiva e raccomandi il medico ad altri.

Tecniche per sviluppare l'ascolto empatico

Ascolto attivo: L'ascolto attivo è una componente fondamentale dell'ascolto empatico. Consiste nel prestare attenzione completa al paziente, evitando distrazioni, mantenendo il contatto visivo e usando segnali non verbali per dimostrare interesse. Ad esempio, annuire leggermente e mantenere un'espressione facciale attenta può indicare al paziente che si sta ascoltando con attenzione.

Riflessione e parafrasi: Riflettere e parafrasare ciò che il paziente ha detto aiuta a dimostrare che si è compreso il messaggio. Questo può essere fatto ripetendo le parole del paziente o riformulando il loro messaggio. Ad esempio, "Mi stai dicendo che hai avuto questo dolore per due settimane e che peggiora di notte, giusto?" Questa tecnica conferma al paziente che le sue parole sono state ascoltate correttamente.

Esprimere comprensione e validazione: Mostrare comprensione e validare i sentimenti del paziente è essenziale per l'ascolto empatico. Frasi come "Capisco che questa situazione deve essere molto difficile per te" o "È comprensibile che tu ti senta preoccupato" possono aiutare il paziente a sentirsi compreso e supportato.

Chiedere chiarimenti: Se qualcosa non è chiaro, chiedere ulteriori dettagli può dimostrare interesse e aiutare a comprendere meglio la situazione del paziente. Ad esempio, "Puoi spiegarmi un po' meglio come ti senti quando hai questi sintomi?" Questo mostra al paziente che il medico è veramente interessato a capire la sua esperienza.

Gestione delle emozioni personali: Per essere empatici, i professionisti della salute devono anche essere consapevoli delle proprie emozioni e mantenerle sotto controllo. È importante non lasciare che le proprie preoccupazioni o stress interferiscano con la capacità di ascoltare empaticamente il paziente.

Sfide e considerazioni nell'ascolto empatico

Tempo limitato: Una delle maggiori sfide nell'ascolto empatico è la limitazione di tempo durante le visite mediche. Tuttavia, anche brevi momenti di ascolto empatico possono fare una grande differenza. L'importante è fare sentire al paziente che il tempo dedicato è di qualità.

Emozioni intense: Gestire le emozioni intense dei pazienti può essere difficile. In questi casi, è fondamentale mantenere la calma e offrire supporto senza farsi sopraffare. Ad esempio, se un paziente è molto arrabbiato o triste, il medico deve riconoscere e validare queste emozioni, offrendo al contempo soluzioni pratiche e supporto.

Barriere culturali e linguistiche: Le differenze culturali e linguistiche possono rappresentare una barriera all'ascolto empatico. Utilizzare interpreti e essere consapevoli delle differenze culturali può aiutare a superare queste sfide e a migliorare la comunicazione.

In conclusione, l'ascolto empatico è una componente fondamentale della comunicazione efficace nella salute. Esso consente di costruire fiducia, ridurre l'ansia del paziente, migliorare la comunicazione e aumentare la soddisfazione del paziente. Sviluppare questa competenza richiede pratica e consapevolezza, ma i benefici che ne derivano per i pazienti e per i professionisti della salute sono inestimabili.

Test Capitolo 2: Valutare le tue competenze di comunicazione nella salute

La comunicazione è una componente essenziale della pratica sanitaria. Questo test ti aiuterà a valutare le tue competenze di comunicazione e a identificare le aree in cui puoi migliorare. Rispondi alle domande che seguono scegliendo una delle quattro opzioni. Ogni risposta corrisponde a un punteggio specifico. Alla fine del test, potrai analizzare i risultati per comprendere meglio il tuo stile comunicativo e sviluppare strategie per migliorarlo.

Esercizi di autovalutazione

1. Come ti assicuri che il paziente abbia compreso le informazioni che gli hai fornito?

A) Chiedo sempre al paziente di ripetere con parole sue ciò che ha capito.
B) Faccio una breve pausa e poi continuo con la spiegazione.
C) Chiedo se ha domande, ma non controllo se ha realmente compreso.
D) Mi limito a dire "Hai capito?" e procedo senza ulteriori verifiche.

2. Durante una conversazione con un paziente, come gestisci i segnali non verbali?

A) Osservo attentamente il linguaggio del corpo del paziente e rispondo ai segnali che ricevo.
B) Mantengo il contatto visivo e annuisco occasionalmente.
C) Presto attenzione solo alle parole del paziente, ignorando il linguaggio del corpo.
D) Non considero i segnali non verbali nella mia comunicazione.

3. Come ti comporti quando un paziente esprime preoccupazioni o ansie riguardo al trattamento?

A) Ascolto attentamente, mostro empatia e rispondo alle sue preoccupazioni.

B) Spiego nuovamente il trattamento sperando che le preoccupazioni si risolvano.

C) Minimizzo le preoccupazioni dicendo che non c'è nulla di cui preoccuparsi.

D) Ignoro le preoccupazioni e continuo con la spiegazione del trattamento.

4. Quanto spesso utilizzi il linguaggio tecnico durante le spiegazioni ai pazienti?

A) Evito sempre il linguaggio tecnico e uso termini semplici e comprensibili.

B) Uso il linguaggio tecnico solo quando ritengo che il paziente possa comprenderlo.

C) Utilizzo frequentemente il linguaggio tecnico, fornendo spiegazioni solo se richieste.

D) Utilizzo sempre il linguaggio tecnico senza preoccuparmi della comprensione del paziente.

5. Come gestisci il feedback dei pazienti sulle tue spiegazioni e comunicazioni?

A) Chiedo attivamente feedback e lo utilizzo per migliorare le mie comunicazioni future.

B) Ascolto il feedback solo se viene fornito spontaneamente dai pazienti.

C) Presto poca attenzione al feedback dei pazienti.

D) Non considero mai il feedback dei pazienti nelle mie comunicazioni.

6. Quanto ritieni importante l'ascolto empatico nella tua pratica quotidiana?

A) Lo considero essenziale e lo pratico costantemente.

B) Lo considero importante, ma non sempre lo pratico.

C) Lo considero marginalmente importante.

D) Non lo ritengo importante nella mia pratica.

7. Come reagisci quando un paziente non segue le tue raccomandazioni?

A) Cerco di capire le ragioni del paziente e rivedo le raccomandazioni insieme a lui.

B) Ricordo al paziente l'importanza di seguire le raccomandazioni.

C) Esprimo la mia frustrazione e insisto sull'importanza delle raccomandazioni.

D) Ignoro il comportamento del paziente e continuo con il mio lavoro.

8. Come gestisci le differenze culturali e linguistiche nella comunicazione con i pazienti?

A) Cerco di essere consapevole delle differenze culturali e utilizzo interpreti quando necessario.
B) Adatto il mio linguaggio, ma raramente utilizzo interpreti.
C) Presto poca attenzione alle differenze culturali e linguistiche.
D) Non considero mai le differenze culturali e linguistiche nelle mie comunicazioni.

Analisi dei risultati

Interpretazione del tuo punteggio nel test di comunicazione nella salute:

Se hai ottenuto una maggioranza di risposte A:

Le tue competenze di comunicazione sono eccellenti. Mostri una forte comprensione dell'importanza della comunicazione verbale, non verbale e para verbale. La tua capacità di ascolto empatico e la coerenza tra le tue parole e le tue azioni sono molto sviluppate, e questo si riflette nella qualità delle cure che offri ai tuoi pazienti. Continua a coltivare queste abilità e a cercare ulteriori opportunità di crescita.

Se hai ottenuto una maggioranza di risposte B:

Dimostri buone competenze di comunicazione, ma c'è spazio per miglioramenti. Sebbene tu comprenda l'importanza della comunicazione efficace e dell'ascolto empatico, potresti beneficiare di ulteriori riflessioni su come applicare queste competenze in modo più consistente. Considera di partecipare a corsi di formazione o workshop per affinare le tue abilità.

Se hai ottenuto una maggioranza di risposte C:

Le tue competenze di comunicazione sono sufficienti, ma necessitano di significativi miglioramenti. Potresti tendere a trascurare alcuni aspetti cruciali della comunicazione con i pazienti, come l'ascolto empatico e la gestione delle differenze culturali. Investire tempo e sforzi nel miglioramento delle tue competenze comunicative ti aiuterà a fornire cure di qualità superiore.

Se hai ottenuto una maggioranza di risposte D:

Le tue competenze di comunicazione sono carenti e richiedono un'attenzione urgente. È fondamentale che tu sviluppi una maggiore consapevolezza dell'importanza della comunicazione efficace nella pratica sanitaria. Prendi in considerazione la partecipazione a programmi di formazione intensivi per migliorare le tue abilità e garantire una migliore assistenza ai tuoi pazienti.

Riflessione finale

Questo test è uno strumento prezioso per riflettere sulle tue competenze comunicative e identificare le aree in cui puoi migliorare. Utilizzalo come guida per sviluppare una comunicazione più assertiva, empatica e coerente nella tua pratica quotidiana. Migliorare queste competenze non solo rafforzerà le tue relazioni professionali, ma contribuirà anche a fornire cure di alta qualità ai tuoi pazienti.

Domande di Riflessione Capitolo 2

Le domande di riflessione ti aiutano a pensare in modo più approfondito alle tue esperienze di comunicazione e a come applicare le nuove conoscenze nella tua vita quotidiana. Utilizzale per valutare i tuoi progressi, identificare aree di miglioramento e sviluppare un piano d'azione per diventare un professionista della salute più assertivo ed efficace.

Comunicazione verbale con i pazienti

Come descriveresti il tuo stile di comunicazione verbale con i pazienti?

Pensa a situazioni recenti e rifletti su come hai comunicato le informazioni ai tuoi pazienti. Sei stato chiaro e conciso? Hai utilizzato un linguaggio comprensibile?

In che modo adatti il tuo linguaggio alle esigenze dei pazienti?

Rifletti su come modifichi il tuo linguaggio in base al livello di comprensione del paziente. Utilizzi esempi e metafore per spiegare concetti complessi?

Come verifichi che il paziente abbia compreso le informazioni fornite?

Pensa a tecniche che utilizzi per assicurarti che il paziente abbia capito ciò che hai spiegato. Chiedi al paziente di ripetere le informazioni con le proprie parole?

Comunicazione para verbale con i pazienti

In che modo il tono di voce influisce sulla tua comunicazione con i pazienti?

Rifletti su come il tono di voce può trasmettere emozioni e influenzare la percezione del paziente. Mantieni un tono rassicurante e empatico durante le conversazioni?

Come gestisci il ritmo e il volume della tua voce durante le spiegazioni mediche?

Considera l'importanza di un ritmo moderato e un volume appropriato per garantire che i pazienti possano seguire e comprendere le tue spiegazioni.

Utilizzi pause strategiche durante le conversazioni con i pazienti?

Pensa a come le pause possono aiutare a sottolineare punti importanti e permettere al paziente di elaborare le informazioni.

Comunicazione non verbale con i pazienti

Quanto sei consapevole del tuo linguaggio del corpo durante le interazioni con i pazienti?

Rifletti su come i tuoi gesti, movimenti e postura possano influenzare la comunicazione con i pazienti. Mantieni una postura aperta e accogliente?

Come utilizzi le espressioni facciali per comunicare empatia e comprensione?

Considera l'importanza delle espressioni facciali nel mostrare empatia. Sorridi e mantieni un'espressione che rifletta attenzione e comprensione?

Rispetti lo spazio personale dei pazienti durante le visite?

Rifletti su come la prossemica influisce sulla comunicazione. Mantieni una distanza appropriata per rispettare il comfort del paziente?

Coerenza tra parole e azioni

Quanto ritieni importante mantenere la coerenza tra ciò che dici e ciò che fai?

Pensa a esempi in cui hai mantenuto o mancato di mantenere la coerenza tra parole e azioni. Quali sono state le conseguenze?

Come ti assicuri che le tue azioni supportino le tue parole?

Rifletti su strategie che utilizzi per garantire che le tue azioni siano allineate con ciò che comunichi ai pazienti.

Come gestisci le promesse fatte ai pazienti?

Considera l'importanza di mantenere le promesse per costruire fiducia. Quali metodi utilizzi per ricordare e seguire le promesse fatte?

L'importanza dell'ascolto empatico

Come integri l'ascolto empatico nella tua pratica quotidiana?

Rifletti su tecniche specifiche che utilizzi per ascoltare empaticamente i tuoi pazienti. Dedichi tempo sufficiente a ogni paziente per ascoltare le loro preoccupazioni?

Quali benefici hai osservato nell'uso dell'ascolto empatico con i pazienti?

Pensa a esempi concreti in cui l'ascolto empatico ha migliorato la comunicazione e l'adesione del paziente ai trattamenti.

Come gestisci le emozioni dei pazienti durante le conversazioni?

Considera come riconosci e rispondi alle emozioni dei pazienti. Utilizzi frasi che validano i sentimenti del paziente e offrono supporto?

Riflessione finale

Utilizza queste domande di riflessione come guida per approfondire la tua comprensione della comunicazione assertiva nella salute. Esse ti aiuteranno a identificare aree di forza e di miglioramento, permettendoti di sviluppare un piano concreto per migliorare le tue competenze comunicative. Questo processo di riflessione ti aiuterà a diventare un professionista della salute più efficace, empatico e rispettato.

CAPITOLO 3: GESTIRE LE CONVERSAZIONI DIFFICILI CON I PAZIENTI

In questo capitolo, affronteremo una delle sfide più complesse che i professionisti della salute devono affrontare: gestire le conversazioni difficili con i pazienti. Queste conversazioni possono riguardare la comunicazione di notizie gravi, la discussione di prognosi infauste o la gestione di aspettative irrealistiche. La capacità di gestire queste situazioni in modo assertivo ed empatico è cruciale per mantenere la fiducia del paziente e garantire che le informazioni siano comprese e accettate in modo adeguato. Approfondiremo le strategie e le tecniche per affrontare queste conversazioni con sensibilità e competenza.

Comunicare notizie difficili

Comunicare notizie difficili è una delle responsabilità più delicate per i professionisti della salute. Questo compito richiede non solo una profonda comprensione delle informazioni mediche, ma anche una notevole abilità nel comunicare con empatia e chiarezza. In questo paragrafo, esamineremo come prepararsi per queste conversazioni, quali strategie utilizzare per trasmettere le informazioni in modo comprensibile e di supporto, e come gestire le reazioni emotive dei pazienti.

Preparare il paziente

Preparare il paziente prima di comunicare notizie difficili è un passaggio fondamentale per garantire che l'informazione venga recepita nel miglior modo possibile. Questo processo non solo facilita la comprensione delle notizie, ma aiuta anche a gestire le reazioni emotive del paziente, creando un ambiente di supporto e fiducia.

Creare l'ambiente giusto

La prima fase per preparare il paziente consiste nel creare un ambiente adeguato alla conversazione. È importante scegliere un luogo privato e tranquillo, lontano da distrazioni e interruzioni, dove il paziente possa sentirsi al sicuro e a proprio agio.

- **Privacy**: Assicurarsi che la conversazione avvenga in un luogo dove la privacy del paziente sia garantita. Ad esempio, una stanza privata è preferibile rispetto a un'area comune o una sala d'attesa.

- **Comfort**: Scegliere un ambiente confortevole, con sedie comode e una disposizione che favorisca un dialogo aperto e rispettoso. Sedersi di fronte al paziente, mantenendo un contatto visivo, può aiutare a creare un senso di connessione e attenzione.

Introduzione alla conversazione

Prima di comunicare le notizie difficili, è utile introdurre la conversazione in modo che il paziente sia preparato mentalmente ed emotivamente per ciò che verrà detto.

- **Apertura**: Iniziare con una frase che prepari il paziente alla natura della conversazione, come: "Oggi dobbiamo parlare di alcune informazioni importanti riguardanti la tua salute."

- **Aspettative**: Spiegare brevemente il motivo dell'incontro e ciò che verrà discusso, per ridurre l'ansia del paziente e dare un contesto alla conversazione.

Valutare la prontezza del paziente

Prima di procedere, è importante valutare se il paziente è pronto ad ascoltare le notizie difficili. Questo può essere fatto osservando il linguaggio del corpo e chiedendo direttamente al paziente.

- **Osservazione**: Prestare attenzione ai segnali non verbali del paziente, come nervosismo, ansia o riluttanza. Questi segnali possono indicare che il paziente non è ancora pronto per ricevere le informazioni.

- **Domande dirette**: Chiedere al paziente se si sente pronto per discutere delle informazioni importanti. Ad esempio: "Ti senti pronto a parlare delle ultime analisi?" Questo approccio permette al paziente di sentirsi parte del processo e di avere un certo controllo sulla situazione.

Utilizzare un linguaggio chiaro e semplice

Quando si prepara il paziente, è essenziale utilizzare un linguaggio chiaro e semplice per garantire che le informazioni siano comprese correttamente.

- **Evitare il gergo medico**: Utilizzare termini semplici e spiegare eventuali termini tecnici o complessi. Ad esempio, invece di dire "metastasi", si potrebbe dire "il cancro si è diffuso ad altre parti del corpo."

- **Ripetizione e riepilogo**: Ripetere e riepilogare i punti chiave può aiutare a garantire che il paziente comprenda le informazioni. Ad esempio: "Per essere chiari, il test ha mostrato che..."

Dimostrare empatia e supporto

Dimostrare empatia e offrire supporto emotivo è cruciale quando si prepara il paziente a ricevere notizie difficili.

- **Riconoscere le emozioni**: Riconoscere e validare le emozioni del paziente può aiutare a costruire un rapporto di fiducia. Ad esempio: "Capisco che questa notizia può essere molto difficile da affrontare."

- **Offrire supporto**: Assicurare al paziente che non sarà solo nell'affrontare la situazione e che verrà offerto tutto il supporto necessario. Ad esempio: "Siamo qui per aiutarti in ogni passo del percorso."

Coinvolgere i familiari o i caregiver

In alcune situazioni, può essere utile coinvolgere i familiari o i caregiver del paziente nella preparazione alla comunicazione di notizie difficili.

- **Consenso del paziente**: Prima di coinvolgere altre persone, è fondamentale ottenere il consenso del paziente. Chiedere: "Ti piacerebbe avere un familiare o un amico presente durante questa conversazione?"

- **Supporto aggiuntivo**: La presenza di una persona di fiducia può offrire ulteriore supporto emotivo al paziente e aiutare a ricordare e comprendere meglio le informazioni.

Pianificare il tempo per la conversazione

Assicurarsi di avere tempo sufficiente per la conversazione è essenziale per preparare adeguatamente il paziente.

- **Tempo adeguato**: Pianificare un appuntamento che permetta una discussione senza fretta, in modo che il paziente abbia il tempo di fare domande e esprimere le proprie preoccupazioni.

- **Flessibilità**: Essere flessibili e disponibili per ulteriori incontri se necessario, per rispondere a tutte le domande e fornire il supporto continuo.

In conclusione, preparare il paziente per ricevere notizie difficili richiede attenzione, empatia e competenza. Creare l'ambiente giusto, introdurre la conversazione in modo appropriato, valutare la prontezza del paziente, utilizzare un linguaggio chiaro, dimostrare empatia, coinvolgere i familiari e pianificare adeguatamente il tempo sono tutti passaggi fondamentali per garantire che il paziente sia preparato nel miglior modo possibile. Questa preparazione aiuta a ridurre l'ansia e a facilitare una comprensione più profonda e accettazione delle informazioni fornite.

Come gestire le reazioni emotive

Gestire le reazioni emotive dei pazienti quando si comunicano notizie difficili è una competenza essenziale per i professionisti della salute. Le reazioni possono variare notevolmente, includendo shock, negazione, rabbia, tristezza e persino disperazione. La capacità di affrontare queste emozioni con empatia e competenza può fare una grande differenza nell'esperienza del paziente e nel mantenimento di una relazione di fiducia.

Riconoscere le emozioni

Il primo passo per gestire le reazioni emotive è riconoscere e validare le emozioni del paziente. Questo implica prestare attenzione ai segnali verbali e non verbali che indicano come il paziente sta reagendo alla notizia.

- **Osservazione attenta**: Monitorare attentamente le espressioni facciali, il linguaggio del corpo e il tono di voce del paziente. Segnali come lacrime, tremore, sguardo fisso o voce alterata possono indicare uno stato emotivo intenso.

- **Riconoscimento verbale**: Utilizzare frasi che riconoscano apertamente le emozioni del paziente, come: "Capisco che questa notizia possa essere sconvolgente per te" o "È naturale sentirsi spaventati in una situazione come questa."

Dimostrare empatia

L'empatia è cruciale nel gestire le reazioni emotive. Dimostrare empatia significa mettersi nei panni del paziente e rispondere in modo che egli si senta compreso e supportato.

- **Ascolto attivo**: Ascoltare attentamente senza interrompere, mantenendo il contatto visivo e annuendo leggermente per mostrare che si sta ascoltando. Evitare di offrire soluzioni immediate o di minimizzare i sentimenti del paziente.

- **Risposta empatica**: Rispondere in modo che il paziente si senta compreso. Ad esempio: "Capisco quanto sia difficile sentire queste notizie. Siamo qui per aiutarti a superare questo momento."

Gestire le diverse reazioni emotive

I pazienti possono reagire in modi diversi alla notizia difficile. È importante essere preparati a gestire una gamma di reazioni emotive e rispondere in modo appropriato a ciascuna di esse.

- **Shock e negazione**: Alcuni pazienti possono inizialmente reagire con shock o negazione. In questi casi, è importante dare loro il tempo di assorbire le informazioni e ripetere i punti chiave con calma. Ad esempio: "Capisco che questa notizia possa sembrare irreale. Vuoi che ripeta le informazioni per te?"

- **Rabbia**: La rabbia è una reazione comune e può essere diretta verso il medico, il sistema sanitario o persino il destino. È cruciale rimanere calmi e non prendere la rabbia sul personale. Rispondere con frasi come: "Capisco che tu sia arrabbiato. Questo è un momento molto difficile e la tua rabbia è comprensibile."

- **Tristezza e pianto**: La tristezza e il pianto sono risposte naturali a notizie difficili. Offrire un fazzoletto e un momento di silenzio può permettere al paziente di esprimere le sue emozioni. Frasi come: "Va bene piangere, prendi tutto il tempo di cui hai bisogno" possono essere molto rassicuranti.

- **Disperazione e impotenza**: Alcuni pazienti possono sentirsi sopraffatti e senza speranza. In questi casi, è importante offrire supporto e speranza, anche se limitata. Dire qualcosa come: "Siamo qui per aiutarti in ogni modo possibile. Non sei solo in questo" può fornire un senso di conforto.

Offrire supporto continuo

Dopo aver comunicato la notizia difficile, è essenziale offrire un supporto continuo per aiutare il paziente a elaborare le informazioni e a prendere decisioni informate.

- **Disponibilità**: Assicurare al paziente che si è disponibili per ulteriori domande o discussioni. Dire: "Puoi contattarmi in qualsiasi momento se hai altre domande o preoccupazioni" può essere molto rassicurante.

- **Risorse di supporto**: Fornire informazioni su risorse di supporto, come gruppi di sostegno, consulenze psicologiche o servizi sociali. Ad esempio: "Potresti trovare utile parlare con un consulente che può offrirti un ulteriore supporto durante questo periodo."

- **Follow-up**: Pianificare follow-up regolari per monitorare come il paziente sta gestendo la situazione e per rispondere a eventuali nuove domande o preoccupazioni. Ad esempio: "Vorrei programmare un appuntamento tra una settimana per vedere come stai gestendo le cose e per rispondere a qualsiasi altra domanda tu possa avere."

Strategie per i professionisti della salute

Per gestire efficacemente le reazioni emotive dei pazienti, i professionisti della salute devono sviluppare competenze specifiche e strategie personali.

- **Formazione continua**: Partecipare a corsi di formazione su comunicazione empatica e gestione delle emozioni può migliorare le competenze in quest'area.

- **Supporto tra pari**: Discutere le esperienze con colleghi e cercare consigli può fornire nuove prospettive e strategie.

- **Autocura**: Gestire le emozioni dei pazienti può essere emotivamente impegnativo. È importante che i professionisti della salute si prendano cura del proprio benessere emotivo attraverso tecniche di gestione dello stress, consulenze e attività di rilassamento.

In conclusione, gestire le reazioni emotive dei pazienti è una parte essenziale della comunicazione di notizie difficili. Riconoscere e validare le emozioni, dimostrare empatia, gestire diverse reazioni emotive, offrire supporto continuo e adottare strategie personali per la gestione dello stress sono tutti elementi chiave per affrontare con successo queste situazioni. Un approccio empatico e ben strutturato non solo migliora l'esperienza del paziente, ma contribuisce anche a costruire una relazione terapeutica di fiducia e supporto.

Rispondere alle domande dei pazienti

Rispondere alle domande dei pazienti in modo efficace è un aspetto fondamentale della pratica medica. I pazienti spesso hanno dubbi e preoccupazioni riguardo alle loro condizioni e ai trattamenti proposti. Un ascolto attento e una risposta chiara e comprensiva possono migliorare la comprensione del paziente, ridurre l'ansia e promuovere una maggiore aderenza ai piani terapeutici. In questo paragrafo, ci concentreremo sull'importanza di ascoltare attentamente i pazienti e sulle tecniche per farlo in modo efficace.

Ascoltare attentamente

Ascoltare attentamente è una competenza essenziale per rispondere adeguatamente alle domande dei pazienti. L'ascolto attivo non solo dimostra rispetto e attenzione verso il paziente, ma permette anche al medico di comprendere meglio le preoccupazioni e i bisogni del paziente, facilitando così una comunicazione più chiara e mirata.

Importanza dell'ascolto attivo

L'ascolto attivo è cruciale per diversi motivi:

- **Comprensione completa**: Ascoltare attentamente aiuta a comprendere pienamente la domanda o la preoccupazione del paziente. Questo evita malintesi e permette di fornire risposte più precise e utili.

- **Costruzione della fiducia**: Quando i pazienti si sentono ascoltati, sono più propensi a fidarsi del loro medico. La fiducia è essenziale per una relazione terapeutica efficace.

- **Riduzione dell'ansia**: Un paziente che percepisce di essere ascoltato si sente più calmo e rassicurato, riducendo il livello di ansia e stress.

Tecniche di ascolto attivo

Per migliorare l'ascolto attivo, i professionisti della salute possono adottare diverse tecniche:

- **Mantenere il contatto visivo**: Guardare negli occhi il paziente mentre parla dimostra che si sta prestando attenzione. Il contatto visivo è un segnale non verbale potente che indica interesse e rispetto.

- **Annuisci e usa segnali verbali**: Utilizzare segnali verbali come "Capisco", "Sì", o "Vai avanti" e segnali non verbali come annuire può incoraggiare il paziente a continuare a parlare e mostra che si sta seguendo la conversazione.

- **Evitare interruzioni**: Interrompere il paziente può farlo sentire non ascoltato e poco importante. Lasciare che il paziente completi il suo pensiero prima di rispondere è fondamentale per una comunicazione efficace.

- **Parafrasare e riepilogare**: Ripetere ciò che il paziente ha detto con le proprie parole può confermare che si è compreso correttamente il messaggio. Ad esempio: "Se ho capito bene, sei preoccupato per gli effetti collaterali di questo farmaco, giusto?"

- **Chiedere chiarimenti**: Se qualcosa non è chiaro, chiedere ulteriori dettagli può aiutare a comprendere meglio la domanda o la preoccupazione. Ad esempio: "Puoi spiegarmi meglio cosa intendi quando dici che hai dolore costante?"

Gestire il tempo

Un ascolto attento richiede tempo, e in un contesto sanitario dove il tempo è spesso limitato, è importante gestirlo efficacemente.

- **Pianificare le conversazioni**: Se si prevede che una conversazione richieda più tempo, pianificare un appuntamento specifico per discutere le preoccupazioni del paziente può essere utile. Ad esempio: "Questa è una questione importante, prendiamoci più tempo durante il prossimo appuntamento per discuterne approfonditamente."

- **Essere presenti nel momento**: Anche se il tempo è limitato, essere pienamente presenti durante la conversazione può fare una grande differenza. Evitare distrazioni come guardare l'orologio o il telefono mentre si parla con il paziente.

Empatia nell'ascolto

L'empatia è una componente chiave dell'ascolto attivo. Dimostrare empatia significa comprendere e condividere i sentimenti del paziente.

- **Riconoscere le emozioni**: Identificare e riconoscere le emozioni del paziente può creare un ambiente di comprensione e supporto. Ad esempio: "Capisco che questa situazione può essere molto frustrante per te."

- **Rispondere con sensibilità**: Rispondere alle preoccupazioni del paziente con sensibilità e comprensione. Ad esempio: "Mi rendo conto che questa è una notizia difficile da accettare. Vediamo insieme quali passi possiamo fare per affrontarla."

Utilizzare un linguaggio chiaro

Rispondere alle domande del paziente in modo chiaro e comprensibile è essenziale per assicurare che il paziente comprenda pienamente le informazioni.

- **Evitare il gergo medico**: Utilizzare un linguaggio semplice e spiegare eventuali termini tecnici. Ad esempio: "Questo farmaco aiuta a ridurre l'infiammazione nel tuo corpo" invece di "Questo è un antinfiammatorio."

- **Essere concisi**: Fornire risposte concise e focalizzate. Evitare di sovraccaricare il paziente con troppe informazioni tutte in una volta.

Verificare la comprensione

Dopo aver risposto alla domanda del paziente, è importante verificare che il paziente abbia compreso correttamente la risposta.

- **Chiedere feedback**: Chiedere al paziente di ripetere ciò che ha capito può aiutare a confermare la comprensione. Ad esempio: "Puoi dirmi con le tue parole cosa hai capito della mia spiegazione?"

- **Offrire ulteriori chiarimenti**: Essere disponibili a fornire ulteriori spiegazioni o chiarimenti se necessario. Ad esempio: "Se hai altre domande o dubbi, non esitare a chiedere."

In conclusione, ascoltare attentamente è fondamentale per rispondere efficacemente alle domande dei pazienti. Utilizzando tecniche di ascolto attivo, dimostrando empatia, gestendo il tempo in modo efficace, utilizzando un linguaggio chiaro e verificando la comprensione, i professionisti della salute possono migliorare significativamente la qualità della comunicazione e costruire relazioni di fiducia con i pazienti.

Rispondere alle domande dei pazienti

Rispondere alle domande dei pazienti in modo efficace è un aspetto fondamentale della pratica medica. I pazienti spesso hanno dubbi e preoccupazioni riguardo alle loro condizioni e ai trattamenti proposti. Un ascolto attento e una risposta chiara e comprensiva possono migliorare la comprensione del paziente, ridurre l'ansia e promuovere una maggiore aderenza ai piani terapeutici. In questo paragrafo, ci concentreremo sull'importanza di ascoltare attentamente i pazienti e sulle tecniche per farlo in modo efficace.

Rispondere in modo chiaro e diretto

Rispondere in modo chiaro e diretto alle domande dei pazienti è essenziale per garantire che le informazioni siano comprese correttamente e per mantenere la fiducia e la collaborazione del paziente. Le risposte chiare e dirette aiutano a evitare malintesi, a ridurre l'ansia del paziente e a fornire un supporto concreto e affidabile.

Utilizzare un linguaggio semplice e comprensibile

La chiave per una comunicazione efficace è l'uso di un linguaggio semplice e facilmente comprensibile. Evitare termini medici complessi e gerghi può aiutare i pazienti a comprendere meglio le informazioni.

- **Evitare il gergo medico**: Utilizzare termini comuni e spiegare eventuali termini tecnici in modo semplice. Ad esempio, anziché dire "iperlipidemia," dire "livelli elevati di colesterolo nel sangue."

- **Metafore e analogie**: Utilizzare metafore e analogie può aiutare a spiegare concetti complessi in modo che i pazienti possano comprendere meglio. Ad esempio, paragonare l'ipertensione a una "tubazione ad alta pressione" può rendere il concetto più accessibile.

Essere concisi e focalizzati

Le risposte devono essere concise e focalizzate per evitare di sovraccaricare il paziente con troppe informazioni in una sola volta.

- **Risposte brevi e chiare**: Fornire risposte brevi che vanno direttamente al punto. Ad esempio, se un paziente chiede quali sono gli effetti collaterali di un farmaco, una risposta chiara potrebbe essere: "I principali effetti collaterali di questo farmaco includono nausea e mal di testa."

- **Strutturare l'informazione**: Strutturare l'informazione in punti chiave può aiutare i pazienti a seguire e ricordare meglio le informazioni. Ad esempio: "Ci sono tre cose principali che devi sapere su questo trattamento: primo, riduce l'infiammazione; secondo, può causare alcuni effetti collaterali lievi come il mal di testa; terzo, è importante prenderlo ogni giorno alla stessa ora."

Essere onesti e trasparenti

L'onestà e la trasparenza sono fondamentali per mantenere la fiducia del paziente. Anche quando le notizie sono difficili, è importante comunicare in modo chiaro e diretto senza nascondere informazioni cruciali.

- **Comunicare i rischi**: Essere onesti riguardo ai rischi e ai benefici dei trattamenti. Ad esempio: "Questo intervento chirurgico ha un rischio di complicazioni, ma anche un'alta probabilità di migliorare la tua qualità di vita."

- **Non minimizzare le preoccupazioni**: Non minimizzare o sminuire le preoccupazioni del paziente. Riconoscere e affrontare le preoccupazioni in modo diretto mostra rispetto e comprensione. Ad esempio: "Capisco che sei preoccupato per questo effetto collaterale. Ecco cosa possiamo fare per gestirlo."

Utilizzare esempi e storie

Utilizzare esempi e storie può aiutare a illustrare i punti chiave e rendere le informazioni più memorabili per il paziente.

- **Esempi pratici**: Fornire esempi pratici che il paziente può facilmente relazionare alla propria situazione. Ad esempio: "Un altro paziente con la tua stessa condizione ha trovato beneficio in questo trattamento seguendo esattamente le istruzioni."

- **Storie di altri pazienti**: Raccontare brevi storie di altri pazienti che hanno avuto esperienze simili può aiutare a rassicurare il paziente e a fornire un contesto reale alle informazioni mediche. Ovviamente, questo deve essere fatto rispettando la privacy e l'anonimato dei pazienti.

Verificare la comprensione

Dopo aver risposto alla domanda del paziente, è importante verificare che il paziente abbia compreso correttamente la risposta.

- **Chiedere feedback**: Chiedere al paziente di spiegare con le proprie parole ciò che ha capito può aiutare a confermare la comprensione. Ad esempio: "Puoi spiegarmi con le tue parole cosa hai capito della mia spiegazione?"

- **Rispondere a ulteriori domande**: Essere disponibili a rispondere a eventuali ulteriori domande o chiarimenti che il paziente possa avere. Ad esempio: "Se hai altre domande o qualcosa non è chiaro, sentiti libero di chiedere."

Gestire le emozioni

Rispondere in modo chiaro e diretto richiede anche la capacità di gestire le emozioni del paziente, specialmente quando le risposte possono essere difficili da accettare.

- **Riconoscere le emozioni**: Riconoscere e validare le emozioni del paziente durante la conversazione. Ad esempio: "Capisco che questa informazione possa essere sconvolgente. È naturale sentirsi così."

- **Offrire supporto**: Fornire supporto emotivo e rassicurazione, offrendo ulteriori risorse e spiegando i prossimi passi. Ad esempio: "Siamo qui per aiutarti in ogni passo del percorso. Se hai bisogno di parlare con un consulente, possiamo organizzarlo."

Utilizzare strumenti di supporto

A volte, utilizzare strumenti di supporto come opuscoli informativi, diagrammi o video può aiutare a rendere le risposte più chiare e comprensibili.

- **Materiale scritto**: Fornire materiale scritto che il paziente può portare a casa e rivedere. Questo può includere informazioni sui trattamenti, sui farmaci e sui prossimi passi. Ad esempio: "Ecco un opuscolo che spiega tutto ciò di cui abbiamo parlato oggi. Puoi leggerlo con calma a casa e segnare eventuali domande che potrebbero sorgere."

- **Supporti visivi**: Utilizzare diagrammi o video per spiegare concetti complessi. Ad esempio: "Questo diagramma mostra come il farmaco agisce nel corpo. Vediamo insieme i dettagli."

In conclusione, rispondere in modo chiaro e diretto alle domande dei pazienti è essenziale per garantire una comunicazione efficace e mantenere la fiducia del paziente. Utilizzando un linguaggio semplice, essendo concisi e focalizzati, onesti e trasparenti, e verificando sempre la comprensione, i professionisti della salute possono migliorare significativamente la qualità delle interazioni con i pazienti. Questo approccio non solo facilita una migliore comprensione e adesione ai trattamenti, ma contribuisce anche a costruire una relazione terapeutica di fiducia e rispetto.

Test Capitolo 3: Gestire le conversazioni difficili

Le conversazioni difficili sono una parte inevitabile della pratica medica. Questo test ti aiuterà a valutare la tua capacità di gestire tali conversazioni in modo efficace, empatico e professionale. Rispondi alle domande che seguono scegliendo una delle quattro opzioni. Ogni risposta corrisponde a un punteggio specifico. Alla fine del test, potrai analizzare i risultati per comprendere meglio le tue competenze attuali e identificare le aree in cui puoi migliorare.

Questionario di autovalutazione

1. Come prepari un paziente prima di comunicare notizie difficili?

A) Mi limito a informarlo che ho qualcosa di importante da dire.
B) Spiego brevemente la situazione e invito il paziente a sedersi per ascoltare.
C) Creo un ambiente tranquillo e introduco con sensibilità la natura della conversazione.
D) Non faccio nulla di particolare, inizio semplicemente a parlare.

2. Come reagisci quando un paziente mostra segni di shock o negazione dopo aver ricevuto una notizia difficile?

A) Continuo a spiegare senza soffermarmi sulla sua reazione.
B) Offro rassicurazioni generiche sperando che calmino il paziente.
C) Riconosco apertamente le sue emozioni e gli do il tempo di assorbirle.
D) Cambio argomento per evitare ulteriori stress.

3. Quando un paziente esprime rabbia in risposta a una notizia difficile, cosa fai?

A) Tento di calmare il paziente dicendogli che tutto andrà bene.

B) Spiego di nuovo la situazione cercando di essere più dettagliato.

C) Ascolto la sua rabbia senza interrompere, validando i suoi sentimenti.

D) Divento difensivo e cerco di giustificare le mie azioni o decisioni.

4. Come rispondi alle domande dei pazienti riguardo ai rischi di un trattamento proposto?

A) Minimizzo i rischi per evitare di spaventare il paziente.

B) Rispondo solo se il paziente insiste per avere dettagli.

C) Fornisco una spiegazione chiara e onesta, discutendo sia i rischi che i benefici.

D) Evito di discutere i rischi a meno che non sia assolutamente necessario.

5. Qual è il tuo approccio quando un paziente mostra disperazione dopo aver ricevuto una prognosi negativa?

A) Gli dico di non preoccuparsi troppo e di essere positivo.

B) Gli fornisco informazioni su tutti i possibili trattamenti alternativi.

C) Mostro empatia, riconoscendo la difficoltà del momento e offrendo supporto continuo.

D) Ignoro la sua disperazione e passo direttamente alla prossima fase del trattamento.

6. Come gestisci le domande dei pazienti che richiedono chiarimenti complessi?

A) Rispondo rapidamente sperando che il paziente sia soddisfatto.

B) Dico al paziente che parleremo di questo più tardi.

C) Prendo il tempo necessario per spiegare in modo chiaro e dettagliato.

D) Fornisco risposte vaghe per evitare di entrare nei dettagli.

7. Quando coinvolgi i familiari del paziente nelle discussioni, come lo fai?

A) Coinvolgo i familiari solo se il paziente insiste.

B) Dico ai familiari quello che devono sapere senza troppi dettagli.

C) Con il consenso del paziente, coinvolgo i familiari in modo trasparente e completo.

D) Evito di coinvolgere i familiari per mantenere la conversazione più semplice.

Analisi dei risultati

Interpretazione del tuo punteggio nel test di gestione delle conversazioni difficili:

Se hai ottenuto una maggioranza di risposte A:

Le tue competenze nella gestione delle conversazioni difficili sono carenti. Potresti tendere a evitare o minimizzare le emozioni del paziente, il che può erodere la fiducia e l'efficacia della comunicazione. È importante lavorare sulla tua capacità di affrontare direttamente e con empatia le reazioni emotive del paziente. Considera di partecipare a corsi di formazione specifici sulla comunicazione empatica e la gestione delle emozioni.

Se hai ottenuto una maggioranza di risposte B:

Hai una comprensione di base dell'importanza delle conversazioni difficili, ma potresti non sempre affrontarle nel modo più efficace. Potresti tendere a fornire rassicurazioni generiche o evitare i dettagli importanti. Migliorare le tue abilità di ascolto attivo e di risposta onesta può aiutarti a gestire meglio queste situazioni. La pratica e l'autoconsapevolezza sono chiavi per il miglioramento.

Se hai ottenuto una maggioranza di risposte C:

Dimostri buone competenze nella gestione delle conversazioni difficili. Sei in grado di riconoscere e validare le emozioni del paziente, di fornire spiegazioni chiare e di coinvolgere i familiari quando necessario. Continua a coltivare queste abilità e a cercare opportunità per affinare ulteriormente le tue competenze.

Se hai ottenuto una maggioranza di risposte D:

Le tue risposte indicano una tendenza a evitare o minimizzare i problemi, il che può essere dannoso per il rapporto con i pazienti. È essenziale lavorare sulla tua capacità di comunicare in modo diretto e trasparente, anche quando le notizie sono difficili. Partecipare a workshop e ricevere feedback dai colleghi può aiutarti a migliorare.

Riflessione finale

Questo test è uno strumento prezioso per riflettere sulla tua capacità di gestire le conversazioni difficili con i pazienti. Utilizzalo come guida per identificare le aree di forza e di miglioramento nelle tue competenze comunicative. Migliorare queste abilità non solo rafforzerà la tua relazione con i pazienti, ma contribuirà anche a fornire un'assistenza sanitaria più compassionevole ed efficace.

Domande di Riflessione Capitolo 3

Le domande di riflessione ti aiutano a pensare in modo più approfondito alle tue esperienze di comunicazione e a come applicare le nuove conoscenze nella tua vita quotidiana. Utilizzale per valutare i tuoi progressi, identificare aree di miglioramento e sviluppare un piano d'azione per diventare un professionista della salute più assertivo ed efficace.

Comunicare notizie difficili

Come ti senti quando devi comunicare notizie difficili a un paziente?

Riflette su come le tue emozioni personali possono influenzare la tua capacità di comunicare efficacemente.

Quali strategie utilizzi per preparare il paziente prima di comunicare notizie difficili?

Considera le tecniche che impieghi per assicurarti che il paziente sia pronto a ricevere informazioni complesse o sconvolgenti.

Hai mai sperimentato situazioni in cui la preparazione del paziente ha fatto una differenza significativa nella loro reazione?

Rifletti su esempi concreti per identificare cosa ha funzionato bene e cosa potrebbe essere migliorato.

Gestire le reazioni emotive

Quali sono le reazioni emotive più comuni che incontri quando comunichi notizie difficili?

Identifica le emozioni più frequenti dei pazienti e come queste influenzano la tua comunicazione.

Come gestisci le emozioni intense, come la rabbia o la disperazione, dei pazienti?

Pensa a tecniche specifiche che utilizzi per mantenere la calma e fornire supporto emotivo.

In che modo riesci a bilanciare l'empatia con la necessità di fornire informazioni chiare e precise?

Rifletti su come equilibrare la comprensione emotiva con l'efficacia comunicativa.

Rispondere alle domande dei pazienti

Quanto spesso utilizzi tecniche di ascolto attivo nelle tue interazioni con i pazienti?

Considera l'importanza dell'ascolto attivo nel comprendere pienamente le preoccupazioni dei pazienti.

Come ti assicuri che le risposte alle domande dei pazienti siano chiare e comprensibili?

Pensa alle strategie che utilizzi per verificare che il paziente abbia compreso correttamente le informazioni fornite.

Quali strumenti o risorse trovi più utili nel rispondere alle domande complesse dei pazienti?

Rifletti su come utilizzi materiali di supporto, come opuscoli o diagrammi, per migliorare la comprensione del paziente.

Rispondere in modo chiaro e diretto

Come ti assicuri di utilizzare un linguaggio semplice e accessibile quando rispondi alle domande dei pazienti?

Identifica le tecniche che utilizzi per evitare termini tecnici complessi e per rendere le tue spiegazioni più comprensibili.

Hai mai riscontrato difficoltà nel bilanciare l'onestà con la necessità di non spaventare il paziente? Come le hai gestite?

Rifletti su come affronti le sfide di comunicare informazioni difficili in modo diretto ma rassicurante.

In che modo verifichi la comprensione del paziente dopo aver fornito una risposta?

Pensa ai metodi che utilizzi per assicurarti che il paziente abbia realmente compreso ciò che hai spiegato.

Coinvolgere i familiari del paziente

Quali sono i vantaggi e le sfide nel coinvolgere i familiari nelle conversazioni difficili?

Rifletti sui pro e i contro del coinvolgimento dei familiari e su come gestisci le dinamiche familiari durante queste conversazioni.

Come gestisci le differenze di opinione tra il paziente e i suoi familiari durante le discussioni?

Pensa a strategie per facilitare una comunicazione efficace e armoniosa tra tutte le parti coinvolte.

In che modo coinvolgi i familiari nel processo decisionale, rispettando al contempo l'autonomia del paziente?

Considera come bilanciare il coinvolgimento dei familiari con il rispetto delle decisioni del paziente.

Riflessione finale

Utilizza queste domande di riflessione come guida per approfondire la tua comprensione della gestione delle conversazioni difficili con i pazienti. Esse ti aiuteranno a identificare aree di forza e di miglioramento, permettendoti di sviluppare un piano concreto per migliorare le tue competenze comunicative. Questo processo di riflessione ti aiuterà a diventare un professionista della salute più efficace, empatico e rispettato.

CAPITOLO 4: CREARE RAPPORTI DI FIDUCIA CON I PAZIENTI

In questo capitolo, esploreremo l'importanza di costruire e mantenere rapporti di fiducia con i pazienti. La fiducia è alla base di ogni relazione terapeutica efficace e influisce significativamente sulla qualità delle cure fornite e sulla soddisfazione del paziente. Una relazione di fiducia consente ai pazienti di sentirsi più a loro agio nel condividere informazioni personali e nel seguire i piani di trattamento proposti. Approfondiremo le strategie per costruire e mantenere questa fiducia attraverso la comunicazione empatica, la coerenza e il rispetto.

Costruire rapporti di fiducia

Costruire rapporti di fiducia con i pazienti è un processo che richiede tempo, empatia e dedizione. La fiducia si sviluppa quando i pazienti percepiscono il medico come competente, onesto, e interessato al loro benessere. In questo paragrafo, esamineremo le tecniche e le strategie per instaurare e consolidare questa fiducia, essenziale per una relazione terapeutica efficace.

Stabilire un rapporto con il paziente

Stabilire un rapporto solido con il paziente è il primo passo per costruire una fiducia duratura. Questo processo inizia dal primo incontro e continua attraverso ogni interazione successiva. Un rapporto di fiducia non solo facilita la comunicazione, ma migliora anche l'aderenza del paziente ai trattamenti e il risultato complessivo delle cure. Ecco alcune strategie chiave per stabilire un rapporto di fiducia con i pazienti.

Creare un ambiente accogliente

L'ambiente in cui si svolge la visita medica può influenzare notevolmente la percezione del paziente. Un ambiente accogliente e confortevole contribuisce a mettere a proprio agio il paziente e a creare un'atmosfera di fiducia.

- **Spazi confortevoli:** Assicurarsi che l'ambiente della clinica o dello studio medico sia pulito, ordinato e confortevole. Una sala d'attesa ben organizzata, con sedie comode e un'illuminazione adeguata, può fare una grande differenza.

- **Accoglienza calorosa:** Il personale di accoglienza dovrebbe essere cordiale e disponibile, salutando i pazienti con un sorriso e offrendo assistenza immediata. La prima impressione è fondamentale per creare una base di fiducia.

Prendersi il tempo necessario

Uno degli aspetti più importanti nel costruire un rapporto di fiducia è dimostrare al paziente che il medico è disponibile e attento. Questo significa dedicare il tempo necessario per ogni visita, senza far sentire il paziente affrettato o non considerato.

- **Ascolto attivo:** Prendersi il tempo per ascoltare attentamente le preoccupazioni e le domande del paziente senza interruzioni. Mostrare interesse genuino per ciò che il paziente ha da dire aiuta a creare un legame di fiducia.

- **Evita di essere frettoloso:** Anche se il tempo è spesso limitato, è importante evitare di far sentire il paziente affrettato. Prendere un momento per spiegare che il tempo è dedicato completamente a loro, anche se breve, può aiutare a ridurre l'ansia e a migliorare la qualità della comunicazione.

Comunicazione chiara e comprensiva

La chiarezza e la comprensibilità della comunicazione sono fondamentali per stabilire un rapporto di fiducia. I pazienti devono sentirsi informati e compresi.

- **Utilizzare un linguaggio semplice**: Evitare termini tecnici complessi e spiegare le informazioni in modo chiaro e semplice. Ad esempio, invece di "ipertensione," dire "pressione sanguigna alta."

- **Verifica della comprensione**: Chiedere al paziente di ripetere con le proprie parole ciò che ha capito per assicurarsi che le informazioni siano state comprese correttamente. Ad esempio: "Puoi spiegarmi con le tue parole cosa abbiamo discusso oggi?"

Empatia e compassione

Dimostrare empatia e compassione è cruciale per costruire un rapporto di fiducia. I pazienti devono sentirsi compresi e supportati.

- **Riconoscere le emozioni**: Validare le emozioni del paziente e rispondere con empatia. Ad esempio: "Capisco che questa situazione può essere molto stressante per te."

- **Mostrare compassione**: Offrire supporto emotivo e mostrarsi disponibili ad aiutare. Ad esempio: "Sono qui per aiutarti in ogni modo possibile."

Coerenza e affidabilità

La coerenza e l'affidabilità sono essenziali per mantenere la fiducia del paziente. Essere coerenti nelle azioni e nelle parole rafforza la percezione di affidabilità e competenza.

- **Mantenere le promesse**: Assicurarsi di rispettare gli impegni presi con il paziente. Ad esempio, se si promette di chiamare con i risultati del test entro una certa data, è importante farlo.

- **Seguire un comportamento professionale**: Mantenere un comportamento professionale e rispettoso in ogni interazione. Questo include essere puntuali, mantenere un aspetto ordinato e trattare ogni paziente con rispetto.

Incoraggiare la partecipazione del paziente

Coinvolgere attivamente il paziente nel proprio percorso di cura aiuta a creare un senso di partnership e responsabilità condivisa.

- **Coinvolgimento nel processo decisionale**: Incoraggiare il paziente a partecipare alle decisioni riguardanti la sua salute. Ad esempio: "Questi sono i vari trattamenti disponibili, quale preferisci discutere più approfonditamente?"

- **Fornire informazioni utili**: Dare al paziente tutte le informazioni necessarie per prendere decisioni informate. Questo include spiegare i benefici e i rischi di ogni opzione di trattamento.

Feedback continuo

Chiedere e ascoltare il feedback dei pazienti può migliorare significativamente il rapporto di fiducia e la qualità delle cure fornite.

- **Richiedere feedback**: Chiedere regolarmente al paziente come si sente riguardo alle cure ricevute e se ci sono aree che potrebbero essere migliorate. Ad esempio: "C'è qualcosa che posso fare per rendere la tua esperienza migliore?"

- **Agire sul feedback**: Mostrare che il feedback del paziente è preso sul serio e apportare miglioramenti basati sui loro suggerimenti. Questo dimostra che il loro parere è importante e valorizzato.

In conclusione, stabilire un rapporto con il paziente richiede tempo, empatia e una comunicazione chiara e coerente. Creare un ambiente accogliente, dedicare il tempo necessario, dimostrare empatia, mantenere coerenza e affidabilità, incoraggiare la partecipazione del paziente e ascoltare il loro feedback sono tutte strategie essenziali per costruire una fiducia duratura. Un rapporto di fiducia non solo facilita una comunicazione efficace, ma migliora anche l'aderenza ai trattamenti e i risultati complessivi delle cure.

Mantenere la fiducia nel tempo

Mantenere la fiducia nel tempo è altrettanto importante quanto stabilirla. Una volta costruita una relazione di fiducia con il paziente, è fondamentale lavorare continuamente per mantenerla. La fiducia può essere fragile e richiede un impegno costante per essere sostenuta e rafforzata. Ecco alcune strategie chiave per mantenere la fiducia dei pazienti nel lungo periodo.

Coerenza e affidabilità continuativa

La coerenza nelle azioni e nelle comunicazioni è essenziale per mantenere la fiducia dei pazienti. Essere affidabili significa che i pazienti possono contare su di te in modo costante.

- **Rispetto degli impegni**: Continuare a mantenere le promesse fatte ai pazienti. Se si promette di seguire con un aggiornamento, è cruciale farlo tempestivamente. Ad esempio, "Ti richiamerò domani con i risultati del test" deve essere seguito da una chiamata effettiva il giorno successivo.

- **Puntualità**: Essere puntuali agli appuntamenti dimostra rispetto per il tempo del paziente e rafforza l'affidabilità del medico. Se ci sono ritardi inevitabili, informare il paziente e scusarsi può aiutare a mantenere la fiducia.

Comunicazione continua e aperta

Mantenere una linea di comunicazione aperta e continua con i pazienti è vitale per sostenere la fiducia nel tempo.

- **Aggiornamenti regolari**: Fornire aggiornamenti regolari sullo stato di salute del paziente e sui progressi del trattamento. Ad esempio, durante le visite di follow-up, discutere dei miglioramenti o delle modifiche necessarie nel piano di trattamento.

- **Disponibilità**: Essere disponibili per rispondere alle domande e affrontare le preoccupazioni dei pazienti, anche al di fuori degli appuntamenti programmati. Questo può includere la disponibilità via email o telefono per questioni urgenti o chiarimenti.

Empatia e attenzione costante

L'empatia e l'attenzione verso il paziente devono essere una costante in ogni interazione, non solo durante le prime visite.

- **Ascolto attivo continuo**: Continuare a praticare l'ascolto attivo in ogni visita, dimostrando interesse genuino per le preoccupazioni e le esperienze del paziente. Ad esempio, "Come ti sei sentito dall'ultima volta che ci siamo visti?" può aprire una conversazione significativa.

- **Riconoscimento delle emozioni**: Riconoscere e validare le emozioni del paziente anche nel corso del tempo. Ad esempio,

"So che questa è una situazione difficile per te, e sono qui per supportarti in ogni modo possibile."

Personalizzazione delle cure

Personalizzare le cure in base alle esigenze specifiche del paziente mostra attenzione e rispetto per la loro individualità.

- **Piani di trattamento personalizzati**: Adattare i piani di trattamento in base alle preferenze e alle necessità del paziente, mostrando flessibilità e disponibilità ad apportare modifiche quando necessario. Ad esempio, "Vediamo come possiamo adattare questo trattamento per meglio soddisfare le tue esigenze."

- **Monitoraggio continuo**: Monitorare continuamente i progressi del paziente e apportare modifiche basate sui risultati e sul feedback del paziente. Questo può includere aggiustamenti nei farmaci, nelle dosi o nei consigli di stile di vita.

Fornire supporto costante

Offrire un supporto continuo e accessibile ai pazienti dimostra che si è impegnati nel loro benessere a lungo termine.

- **Accesso a risorse aggiuntive**: Fornire informazioni su risorse aggiuntive come gruppi di sostegno, consulenze psicologiche o servizi di assistenza domiciliare. Ad esempio, "Potresti beneficiare di questo gruppo di supporto locale per persone con la tua stessa condizione."

- **Follow-up regolari**: Programmare follow-up regolari per discutere dei progressi, rispondere a nuove domande e adattare i piani di cura se necessario. Ad esempio, "Vorrei vederti di nuovo tra un mese per vedere come stai procedendo e fare eventuali aggiustamenti al trattamento."

Gestione delle aspettative

È importante gestire le aspettative dei pazienti in modo realistico per evitare disillusioni che possono minare la fiducia.

- **Comunicazione trasparente**: Essere chiari riguardo ai limiti e alle possibilità dei trattamenti. Ad esempio, "Questo trattamento può migliorare i tuoi sintomi, ma ci potrebbero volere alcune settimane per vedere i risultati."

- **Risposta a cambiamenti**: Adattare le aspettative in risposta ai cambiamenti nella condizione del paziente, mantenendo sempre una comunicazione aperta e onesta. Ad esempio, "Vediamo che il trattamento non sta funzionando come speravamo. Esploriamo altre opzioni insieme."

Apprendimento continuo e aggiornamento professionale

I pazienti apprezzano i medici che sono aggiornati sulle ultime ricerche e trattamenti. Questo dimostra un impegno verso la professionalità e l'eccellenza.

- **Formazione continua**: Partecipare regolarmente a corsi di aggiornamento professionale e rimanere informati sulle ultime novità nel campo medico. Condividere queste conoscenze con i pazienti può rafforzare la loro fiducia. Ad esempio, "Ho recentemente partecipato a un corso su nuovi trattamenti per la tua condizione e ci sono alcune nuove opzioni che vorrei discutere con te."

- **Implementazione di nuove tecniche**: Applicare nuove tecniche e trattamenti basati su evidenze scientifiche aggiornate per migliorare la qualità delle cure fornite.

In conclusione, mantenere la fiducia nel tempo richiede un impegno continuo verso la coerenza, la comunicazione aperta, l'empatia, la personalizzazione delle cure, il supporto costante, la gestione delle aspettative e l'aggiornamento professionale. Attraverso queste strategie, i professionisti della salute possono costruire e sostenere relazioni di fiducia durature con i loro pazienti, migliorando la qualità delle cure e la soddisfazione complessiva del paziente.

Migliorare l'esperienza dei pazienti

Migliorare l'esperienza dei pazienti è un obiettivo fondamentale per ogni professionista della salute. Un'esperienza positiva non solo favorisce una maggiore soddisfazione del paziente, ma può anche influire positivamente sugli esiti del trattamento. In questo paragrafo, esploreremo come creare un ambiente accogliente, gestire le aspettative dei pazienti e implementare pratiche che rendano ogni visita più confortevole e rassicurante.

Creare un ambiente accogliente

Un ambiente accogliente è essenziale per mettere a proprio agio i pazienti e favorire un clima di fiducia e collaborazione. L'ambiente fisico dello studio medico, così come l'atmosfera generale, possono influenzare significativamente la percezione e l'esperienza dei pazienti.

Accoglienza calorosa e professionale

La prima impressione è cruciale. Il personale di accoglienza gioca un ruolo fondamentale nel creare un ambiente accogliente e rassicurante.

- **Saluti cordiali**: Il personale di accoglienza dovrebbe salutare i pazienti con un sorriso e un tono di voce caloroso. Frasi semplici come "Benvenuto/a! Come posso aiutarti oggi?" possono fare una grande differenza.

- **Disponibilità e cortesia**: Essere disponibili per rispondere a domande e offrire assistenza immediata, mantenendo sempre un atteggiamento cortese e professionale.

Comfort fisico dello studio

Il comfort fisico dello studio medico è altrettanto importante per creare un ambiente accogliente. Un ambiente confortevole può ridurre l'ansia del paziente e migliorare la sua esperienza complessiva.

- **Arredamento confortevole**: Assicurarsi che la sala d'attesa e le stanze per le visite siano arredate con sedie comode, adeguatamente distanziate per garantire la privacy e il comfort. Ad esempio, sedie imbottite e tavolini con riviste possono rendere l'attesa più piacevole.

- **Pulizia e ordine**: Mantenere l'ambiente pulito e ordinato è essenziale per trasmettere professionalità e cura. Questo include non solo le aree pubbliche, ma anche gli spazi di consultazione e i bagni.

- **Illuminazione adeguata**: Utilizzare un'illuminazione calda e adeguata, evitando luci troppo forti o fredde che possono creare un'atmosfera clinica e poco accogliente. Lampade da terra e da tavolo possono contribuire a un'illuminazione più morbida e rilassante.

Elementi di distrazione positiva

Offrire elementi che possano distrarre positivamente i pazienti durante l'attesa può ridurre l'ansia e rendere l'esperienza più piacevole.

- **Materiale di lettura**: Fornire riviste, libri o opuscoli informativi aggiornati può intrattenere e informare i pazienti mentre aspettano. È importante scegliere materiale vario che possa interessare diverse fasce di età e interessi.

- **Intrattenimento visivo e uditivo**: Televisori che trasmettono programmi rilassanti o educativi e una selezione di musica di sottofondo possono creare un'atmosfera rilassata. Ad esempio, musica classica o suoni della natura possono essere particolarmente calmanti.

- **Wi-Fi gratuito**: Offrire un accesso Wi-Fi gratuito consente ai pazienti di navigare su internet o lavorare mentre aspettano, migliorando la loro esperienza complessiva.

Privacy e riservatezza

Assicurare che il paziente percepisca la propria privacy come rispettata è fondamentale per creare un ambiente accogliente.

- **Spazi separati**: Avere spazi separati per la registrazione e per le consultazioni riduce la possibilità che altri pazienti ascoltino conversazioni private.

- **Conversazioni riservate**: Assicurarsi che le conversazioni tra il personale e i pazienti siano condotte in un tono di voce appropriato, che non possa essere facilmente udito da altri pazienti.

Personale empatico e competente

Il comportamento e l'attitudine del personale sanitario contribuiscono in modo significativo a creare un ambiente accogliente.

- **Formazione continua**: Offrire formazione continua al personale su comunicazione empatica e gestione delle emozioni dei pazienti. Questo può includere corsi su come riconoscere e rispondere ai segnali di disagio o ansia.

- **Empatia e comprensione**: Dimostrare empatia e comprensione in ogni interazione. Ascoltare attentamente le preoccupazioni dei pazienti e rispondere con gentilezza e supporto può creare un forte legame di fiducia.

Accessibilità e convenienza

Rendere lo studio medico facilmente accessibile e conveniente per i pazienti è essenziale per migliorare la loro esperienza.

- **Parcheggio comodo**: Assicurarsi che ci sia un parcheggio comodo e adeguato per i pazienti. Se possibile, offrire parcheggi riservati vicini all'ingresso dello studio.

- **Accessibilità per disabili**: Garantire che lo studio sia accessibile alle persone con disabilità, con rampe, ascensori e bagni adeguati.

- **Orari flessibili**: Offrire orari di visita flessibili per accomodare le esigenze dei pazienti che lavorano o hanno altri impegni. Questo può includere appuntamenti serali o nel fine settimana.

In conclusione, creare un ambiente accogliente è essenziale per migliorare l'esperienza dei pazienti. Un'accoglienza calorosa e professionale, il comfort fisico dello studio, elementi di distrazione positiva, privacy e riservatezza, personale empatico e competente, e accessibilità e convenienza sono tutti fattori che contribuiscono a rendere ogni visita più piacevole e rassicurante. Investire nel miglioramento di questi aspetti può portare a una maggiore soddisfazione dei pazienti e a una migliore relazione terapeutica.

Gestire le aspettative dei pazienti

Gestire le aspettative dei pazienti è una componente critica per garantire una comunicazione chiara e una relazione terapeutica efficace. Le aspettative non gestite possono portare a delusioni, frustrazioni e, in ultima analisi, a una riduzione della fiducia nel professionista della salute. Ecco alcune strategie per gestire efficacemente le aspettative dei pazienti.

Comunicazione chiara e onesta

Essere chiari e onesti con i pazienti riguardo alle loro condizioni, ai trattamenti disponibili e ai possibili risultati è essenziale per gestire le aspettative.

- **Informazioni accurate**: Fornire informazioni accurate e comprensibili sui possibili esiti del trattamento. Evitare di fare promesse irrealistiche e spiegare chiaramente i limiti della medicina. Ad esempio: "Questo trattamento ha una probabilità del 70% di migliorare i tuoi sintomi, ma ci sono anche alcuni rischi da considerare."

- **Linguaggio semplice**: Utilizzare un linguaggio semplice e accessibile per assicurarsi che il paziente comprenda pienamente le informazioni fornite. Evitare termini medici complessi che potrebbero confondere il paziente.

Discussione dei rischi e dei benefici

È importante discutere sia i rischi che i benefici dei trattamenti proposti in modo equilibrato e trasparente.

- **Bilanciare rischi e benefici**: Spiegare chiaramente i potenziali benefici del trattamento, ma anche i rischi associati. Ad esempio: "Questo farmaco può aiutare a ridurre il dolore, ma può anche causare effetti collaterali come nausea e vertigini."

- **Scenario realistico**: Presentare uno scenario realistico del percorso di trattamento e dei tempi di recupero. Evitare di creare aspettative eccessivamente ottimistiche che potrebbero non essere soddisfatte.

Ascoltare le preoccupazioni dei pazienti

Ascoltare attentamente le preoccupazioni e le aspettative dei pazienti è fondamentale per gestirle in modo efficace.

- **Ascolto attivo**: Praticare l'ascolto attivo, prestando attenzione alle domande e alle preoccupazioni del paziente senza interrompere. Ad esempio: "Mi racconti cosa ti preoccupa di più riguardo a questo trattamento?"

- **Domande chiarificatrici**: Fare domande chiarificatrici per comprendere meglio le aspettative del paziente. Ad esempio: "Cosa speri di ottenere con questo trattamento?"

Coinvolgere i pazienti nel processo decisionale

Coinvolgere attivamente i pazienti nel processo decisionale li aiuta a sentirsi più responsabili e coinvolti nel loro percorso di cura.

- **Scelte informate**: Fornire tutte le informazioni necessarie per prendere decisioni informate. Ad esempio: "Questi sono i diversi trattamenti disponibili. Vediamo insieme quale potrebbe essere il più adatto per te."

- **Rispetto delle preferenze**: Rispettare le preferenze e le decisioni del paziente, anche se differiscono dalle raccomandazioni iniziali del medico. Ad esempio: "Capisco che preferisci provare prima la fisioterapia anziché la chirurgia. Possiamo iniziare con questo approccio e valutare i progressi."

Monitoraggio e follow-up regolari

Il monitoraggio continuo e i follow-up regolari sono essenziali per mantenere le aspettative realistiche e adattare i piani di trattamento se necessario.

- **Aggiornamenti frequenti**: Fornire aggiornamenti regolari sul progresso del trattamento e sugli eventuali cambiamenti nelle condizioni del paziente. Ad esempio: "Abbiamo notato dei miglioramenti nelle ultime settimane. Continuiamo così e rivalutiamo il prossimo mese."

- **Adattamenti del trattamento**: Essere pronti a modificare il piano di trattamento in base ai risultati e alle esigenze del paziente. Ad esempio: "Dato che non stai rispondendo bene a questo farmaco, esploriamo un'altra opzione."

Educazione e risorse

Fornire materiale educativo e risorse può aiutare i pazienti a comprendere meglio le loro condizioni e i trattamenti, contribuendo a gestire le aspettative.

- **Opuscoli informativi**: Distribuire opuscoli e materiali informativi sui trattamenti e sulle condizioni del paziente. Ad esempio: "Ecco un opuscolo che spiega il trattamento che abbiamo discusso. Puoi leggerlo con calma a casa."

- **Risorse online**: Indicare risorse online affidabili dove i pazienti possono trovare ulteriori informazioni. Ad esempio: "Puoi visitare questo sito web per saperne di più sulla tua condizione."

Empatia e supporto emotivo

Dimostrare empatia e fornire supporto emotivo è fondamentale per aiutare i pazienti a gestire le loro aspettative.

- **Riconoscere le emozioni**: Validare le emozioni del paziente e offrire sostegno emotivo. Ad esempio: "Capisco che questa situazione può essere frustrante. Sono qui per supportarti."

- **Supporto continuo**: Assicurare al paziente che riceverà supporto continuo durante tutto il percorso di trattamento. Ad esempio: "Continueremo a monitorare la tua situazione e ad adattare il trattamento in base ai tuoi progressi."

In conclusione, gestire le aspettative dei pazienti richiede una comunicazione chiara e onesta, la discussione dei rischi e dei benefici, l'ascolto attivo, il coinvolgimento dei pazienti nel processo decisionale, il monitoraggio e i follow-up regolari, l'educazione e le risorse, e un forte supporto emotivo. Implementando queste strategie, i professionisti della salute possono migliorare significativamente l'esperienza dei pazienti e costruire una relazione terapeutica basata sulla fiducia e sul rispetto reciproco.

Test Capitolo 4: Creare rapporti di fiducia con i pazienti

La fiducia è la base di una relazione terapeutica efficace. Questo test ti aiuterà a valutare la tua capacità di creare e mantenere rapporti di fiducia con i pazienti. Rispondi alle domande che seguono scegliendo una delle quattro opzioni. Ogni risposta corrisponde a un punteggio specifico. Alla fine del test, potrai analizzare i risultati per comprendere meglio le tue competenze attuali e identificare le aree in cui puoi migliorare.

Questionario di autovalutazione

1. Come saluti i pazienti quando arrivano al tuo studio?

A) Con un semplice "Ciao" senza ulteriori commenti.

B) Con un sorriso e un saluto formale.

C) Con un sorriso, un saluto formale e chiedendo come stanno.

D) Con un sorriso, un saluto formale, chiedendo come stanno e offrendo assistenza immediata.

2. Come gestisci le preoccupazioni dei pazienti durante la visita?

A) Ascolto brevemente e poi passo rapidamente alla parte successiva della visita.

B) Ascolto, ma rispondo solo se ho tempo.

C) Ascolto attentamente e rispondo alle preoccupazioni principali.

D) Ascolto attentamente, rispondo a tutte le preoccupazioni e offro ulteriori spiegazioni se necessario.

3. Quanto spesso aggiorni i pazienti sui loro progressi?

A) Solo se il paziente chiede aggiornamenti.

B) Alla fine del trattamento o della visita.

C) Periodicamente durante le visite programmate.

D) Regolarmente, sia durante le visite che attraverso follow-up telefonici o via email.

4. Come ti assicuri che il paziente comprenda le informazioni mediche fornite?

A) Presumo che abbiano capito e non chiedo conferma.

B) Chiedo se hanno domande alla fine della spiegazione.

C) Chiedo se hanno capito e se necessitano di ulteriori chiarimenti.

D) Chiedo al paziente di ripetere con le proprie parole ciò che ha capito.

5. Come gestisci la continuità delle cure per i pazienti?

A) Lascio che il paziente si occupi di programmare le visite successive.

B) Suggerisco al paziente di fissare un appuntamento per un follow-up.

C) Programmo direttamente il prossimo appuntamento con il paziente.

D) Programmo il follow-up e fornisco informazioni su cosa aspettarsi nel prossimo incontro.

6. Come reagisci quando un paziente esprime insoddisfazione riguardo alle cure ricevute?

A) Ignoro l'insoddisfazione e continuo con il trattamento.

B) Chiedo di specificare le loro preoccupazioni ma non faccio nulla di concreto.

C) Ascolto attentamente e cerco di spiegare meglio il trattamento.

D) Ascolto attentamente, riconosco le loro preoccupazioni e lavoro per trovare una soluzione condivisa.

7. Come coinvolgi i pazienti nel processo decisionale riguardante le loro cure?

A) Decido tutto da solo e informo il paziente.

B) Chiedo al paziente la sua opinione solo su questioni minori.

C) Spiego le opzioni disponibili e chiedo al paziente di scegliere.

D) Discuto le opzioni disponibili, spiego i pro e i contro di ciascuna e prendo in considerazione le preferenze del paziente nella decisione finale.

Analisi dei risultati

Interpretazione del tuo punteggio nel test di creazione e mantenimento dei rapporti di fiducia con i pazienti:

Se hai ottenuto una maggioranza di risposte A:

Le tue competenze nella creazione e nel mantenimento dei rapporti di fiducia sono carenti. Potresti tendere a trascurare l'importanza dell'accoglienza, della comunicazione e del coinvolgimento del paziente. È essenziale sviluppare una maggiore consapevolezza dell'importanza della fiducia nel rapporto medico-paziente e lavorare per migliorare queste competenze.

Se hai ottenuto una maggioranza di risposte B:

Hai una comprensione di base dell'importanza dei rapporti di fiducia, ma ci sono aree significative che necessitano di miglioramenti. Potresti non sempre dedicare il tempo necessario per ascoltare e rispondere alle preoccupazioni del paziente o per coinvolgerlo nel processo decisionale. Investire tempo nella formazione e nello sviluppo di competenze comunicative può essere molto utile.

Se hai ottenuto una maggioranza di risposte C:

Dimostri buone competenze nella creazione e nel mantenimento dei rapporti di fiducia. Sei in grado di ascoltare e rispondere alle preoccupazioni dei pazienti, di aggiornare regolarmente sui progressi e di coinvolgere i pazienti nelle decisioni riguardanti le loro cure. Continuare a sviluppare queste abilità attraverso la pratica e la formazione continua ti aiuterà a rafforzare ulteriormente i tuoi rapporti con i pazienti.

Se hai ottenuto una maggioranza di risposte D:

Le tue competenze nella creazione e nel mantenimento dei rapporti di fiducia sono eccellenti. Sei in grado di fornire un'accoglienza calorosa, di ascoltare attentamente e di rispondere in modo completo alle preoccupazioni dei pazienti. Coinvolgi attivamente i pazienti nel processo decisionale e mantieni una comunicazione continua e chiara. Continua a coltivare queste abilità e a condividerle con i tuoi colleghi per migliorare la qualità delle cure nel tuo ambiente di lavoro.

Riflessione finale

Questo test è uno strumento prezioso per riflettere sulle tue capacità di creare e mantenere rapporti di fiducia con i pazienti. Utilizzalo come guida per identificare le aree di forza e di miglioramento nelle tue competenze comunicative e relazionali. Migliorare queste abilità non solo rafforzerà la tua relazione con i pazienti, ma contribuirà anche a fornire un'assistenza sanitaria più efficace e soddisfacente.

Domande di Riflessione Capitolo 4

Le domande di riflessione ti aiutano a pensare in modo più approfondito alle tue esperienze di comunicazione e a come applicare le nuove conoscenze nella tua vita quotidiana. Utilizzale per valutare i tuoi progressi, identificare aree di miglioramento e sviluppare un piano d'azione per diventare un professionista della salute più assertivo ed efficace.

Costruire rapporti di fiducia

Come ti senti quando incontri un nuovo paziente per la prima volta?

Riflettere su come le tue emozioni e le tue aspettative influenzano il modo in cui ti presenti e interagisci con i nuovi pazienti.

Quali strategie utilizzi per creare un ambiente accogliente nel tuo studio?

Pensa agli elementi fisici e comportamentali che implementi per rendere lo studio un luogo confortevole e rassicurante per i pazienti.

Come dimostri empatia nelle tue interazioni quotidiane con i pazienti?

Considera esempi concreti di come ascolti attivamente e rispondi alle emozioni dei pazienti, mostrando comprensione e supporto.

Mantenere la fiducia nel tempo

Quali pratiche adotti per assicurarti di essere coerente e affidabile nelle tue interazioni con i pazienti?

Riflettere sui metodi che utilizzi per mantenere la coerenza tra le tue parole e le tue azioni, e per garantire che le promesse fatte ai pazienti siano rispettate.

Come comunichi con i pazienti tra una visita e l'altra per mantenere la continuità delle cure?

Pensa alle tecniche e agli strumenti che usi per tenere i pazienti informati e coinvolti nel loro percorso di cura, anche al di fuori degli appuntamenti.

In che modo gestisci le aspettative dei pazienti riguardo ai risultati dei trattamenti?

Rifletti su come equilibri la comunicazione dei possibili benefici e rischi, evitando promesse irrealistiche e mantenendo trasparenza e onestà.

Migliorare l'esperienza dei pazienti

Quali modifiche hai apportato al tuo ambiente di lavoro per renderlo più accogliente per i pazienti?

Considera i cambiamenti che hai fatto in termini di arredamento, illuminazione, privacy e comfort generale per migliorare l'esperienza dei pazienti.

Come gestisci le preoccupazioni e le lamentele dei pazienti per migliorare la loro esperienza complessiva?

Pensa alle strategie che utilizzi per ascoltare attentamente le preoccupazioni dei pazienti e per risolverle in modo efficace e tempestivo.

Quali risorse o supporti fornisci ai pazienti per aiutarli a comprendere meglio le loro condizioni e i trattamenti proposti?

Riflettere su come utilizzi materiali educativi, risorse online e supporti visivi per migliorare la comprensione e l'aderenza dei pazienti ai trattamenti.

Creare un ambiente accogliente

Come garantisci che il personale del tuo studio contribuisca a creare un ambiente accogliente e professionale?

Pensa alle pratiche di formazione e ai comportamenti che incoraggi nel tuo team per assicurarti che tutti contribuiscano positivamente all'esperienza dei pazienti.

In che modo personalizzi l'esperienza dei pazienti per farli sentire valorizzati e rispettati?

Considera come adatti le tue interazioni e i tuoi approcci in base alle esigenze e alle preferenze individuali dei pazienti.

Quali strategie utilizzi per mantenere un ambiente fisico confortevole e accogliente nello studio medico?

Rifletti sui dettagli pratici come la disposizione degli arredi, l'illuminazione, la pulizia e l'ordine che contribuiscono a un ambiente piacevole per i pazienti.

Riflessione finale

Utilizza queste domande di riflessione come guida per approfondire la tua comprensione della creazione e del mantenimento dei rapporti di fiducia con i pazienti. Esse ti aiuteranno a identificare aree di forza e di miglioramento, permettendoti di sviluppare un piano concreto per migliorare le tue competenze comunicative e relazionali. Questo processo di riflessione ti aiuterà a diventare un professionista della salute più efficace, empatico e rispettato.

CAPITOLO 5: COMUNICAZIONE ASSERTIVA CON I COLLEGHI

La comunicazione assertiva non è cruciale solo nelle interazioni con i pazienti, ma è altrettanto importante nelle relazioni professionali con i colleghi. Un ambiente di lavoro sano e collaborativo si basa su una comunicazione efficace, rispetto reciproco e capacità di gestire i conflitti in modo costruttivo. In questo capitolo, esploreremo come applicare i principi della comunicazione assertiva per migliorare le relazioni tra colleghi, affrontare i conflitti e creare un ambiente di lavoro più armonioso e produttivo.

Gestire i conflitti tra colleghi

Gestire i conflitti tra colleghi in modo assertivo è essenziale per mantenere un ambiente di lavoro collaborativo e produttivo. I conflitti, se non gestiti correttamente, possono portare a tensioni, riduzione della motivazione e compromissione della qualità del lavoro. In questo paragrafo, esamineremo le strategie per identificare, affrontare e risolvere i conflitti tra colleghi in modo assertivo ed efficace.

Identificare i conflitti

Identificare i conflitti tra colleghi è il primo passo per poterli gestire e risolvere efficacemente. I conflitti possono emergere per molte ragioni, come differenze di opinioni, stili di lavoro, personalità e obiettivi. Riconoscere tempestivamente i segnali di conflitto permette di intervenire prima che la situazione si aggravi, contribuendo a mantenere un ambiente di lavoro sano e collaborativo.

Segnali di conflitto

I conflitti tra colleghi possono manifestarsi attraverso vari segnali, sia verbali che non verbali. Essere attenti a questi segnali è fondamentale per identificare i conflitti in una fase iniziale.

- **Comunicazione interrotta**: Quando i colleghi smettono di comunicare o riducono significativamente le interazioni, può essere un segnale di conflitto. Ad esempio, evitare discussioni o ridurre le conversazioni al minimo indispensabile.

- **Toni aggressivi**: Un cambiamento nel tono di voce, con toni più aggressivi o passivi-aggressivi, può indicare tensioni sottostanti. Ad esempio, risposte brusche o sarcasmo possono essere segnali di disagio.

- **Sfuggenti**: Colleghi che evitano di lavorare insieme o cercano di evitare la presenza dell'altro possono essere in conflitto. Ad esempio, cambiare orari di lavoro o richiedere di essere assegnati a progetti diversi.

- **Comportamenti non verbali**: Segnali come il linguaggio del corpo chiuso, evitare il contatto visivo o espressioni facciali tese possono indicare un conflitto. Ad esempio, braccia incrociate, sguardi evitanti o espressioni di disappunto.

Cause comuni di conflitto

Comprendere le cause comuni dei conflitti può aiutare a identificarli e a risolverli più efficacemente. Ecco alcune delle cause più frequenti:

- **Differenze di personalità**: Le differenze di personalità possono portare a incomprensioni e tensioni. Ad esempio, un collega può preferire un approccio diretto mentre un altro può essere più riservato, causando attriti.

- **Stili di lavoro diversi**: Differenti approcci al lavoro, come la gestione del tempo, l'attenzione ai dettagli o le metodologie, possono generare conflitti. Ad esempio, un collega può essere metodico e preciso, mentre un altro può preferire un approccio più flessibile e rapido.

- **Competizione per risorse**: La competizione per risorse limitate, come il tempo, il budget o il riconoscimento, può causare tensioni. Ad esempio, due colleghi possono competere per una promozione o per l'assegnazione a un progetto importante.

- **Mancanza di chiarezza nei ruoli**: Ambiguità nei ruoli e nelle responsabilità può portare a conflitti. Ad esempio, se i compiti di due colleghi si sovrappongono senza una chiara distinzione di responsabilità, può sorgere confusione e tensione.

- **Cattiva comunicazione**: Errori o mancanze nella comunicazione possono facilmente degenerare in conflitti. Ad esempio, informazioni incomplete o fraintese possono creare malintesi e risentimenti.

Strumenti per identificare i conflitti

Utilizzare strumenti specifici può aiutare a identificare i conflitti in modo più sistematico e oggettivo.

- **Feedback regolari**: Organizzare incontri di feedback regolari tra colleghi e con i supervisori può aiutare a identificare problemi e tensioni prima che diventino conflitti. Ad esempio, riunioni settimanali di team possono offrire un'opportunità per discutere apertamente di eventuali tensioni.

- **Questionari di clima aziendale**: Utilizzare questionari anonimi per valutare il clima aziendale e raccogliere feedback sui rapporti tra colleghi può fornire indicazioni preziose. Ad esempio, sondaggi trimestrali possono aiutare a monitorare il livello di soddisfazione e le dinamiche di gruppo.

- **Osservazione diretta**: I manager e i leader di team dovrebbero osservare attentamente le interazioni tra i membri del team per identificare segnali di conflitto. Ad esempio, notare cambiamenti nel comportamento o tensioni durante le riunioni.

Interventi tempestivi

Una volta identificato un conflitto, è importante intervenire tempestivamente per evitare che la situazione si deteriori ulteriormente.

- **Discussione aperta**: Incoraggiare una discussione aperta e onesta tra le parti coinvolte può aiutare a chiarire le incomprensioni e trovare soluzioni. Ad esempio, organizzare un incontro mediato in cui ciascuna parte può esprimere le proprie preoccupazioni.

- **Mediazione**: In alcuni casi, può essere utile coinvolgere un mediatore neutrale per facilitare la risoluzione del conflitto. Ad esempio, un HR o un consulente esterno può aiutare a gestire la discussione in modo costruttivo.

- **Formazione sulla gestione dei conflitti**: Fornire formazione specifica sulla gestione dei conflitti può aiutare i colleghi a sviluppare le competenze necessarie per affrontare e risolvere i conflitti in modo autonomo. Ad esempio, workshop e corsi di comunicazione assertiva e gestione dei conflitti.

In conclusione, identificare i conflitti tra colleghi è un passo cruciale per poterli gestire e risolvere efficacemente. Riconoscere i segnali di conflitto, comprendere le cause comuni, utilizzare strumenti specifici per l'identificazione e intervenire tempestivamente sono strategie fondamentali per mantenere un ambiente di lavoro collaborativo e produttivo. Un approccio proattivo alla gestione dei conflitti non solo migliora la qualità delle interazioni tra colleghi, ma contribuisce anche al benessere complessivo dell'ambiente di lavoro.

Tecniche efficaci per affrontare e risolvere i conflitti

Affrontare e risolvere i conflitti in modo efficace è essenziale per mantenere un ambiente di lavoro collaborativo e produttivo. Le tecniche di gestione dei conflitti aiutano a trasformare situazioni di tensione in opportunità di crescita e miglioramento. In questo paragrafo, esamineremo diverse strategie e tecniche per affrontare e risolvere i conflitti tra colleghi in modo assertivo e costruttivo.

Comunicazione assertiva

La comunicazione assertiva è una delle tecniche più efficaci per affrontare i conflitti. Essa permette di esprimere i propri bisogni e opinioni in modo chiaro e rispettoso, senza aggressività né passività.

- **Espressione diretta e chiara**: Esprimere i propri sentimenti, bisogni e preoccupazioni in modo diretto e chiaro. Ad esempio, utilizzare frasi come "Mi sento frustrato quando..." o "Ho bisogno che...".

- **Utilizzare il linguaggio "Io"**: Utilizzare frasi in prima persona per evitare di accusare l'altra parte e per focalizzarsi sui propri sentimenti. Ad esempio, "Io mi sento..." invece di "Tu fai...".

- **Evitare il linguaggio accusatorio**: Evitare parole e frasi che possono sembrare accusatorie o colpevolizzanti, come "sempre" e "mai". Ad esempio, invece di dire "Tu non ascolti mai", si potrebbe dire "Mi piacerebbe che tu ascoltassi il mio punto di vista".

Ascolto attivo

L'ascolto attivo è cruciale per comprendere veramente le preoccupazioni e le esigenze dell'altra parte. Consente di costruire un dialogo costruttivo basato sulla comprensione reciproca.

- **Mostrare attenzione**: Dimostrare che si sta ascoltando attivamente attraverso segnali verbali e non verbali, come annuire, mantenere il contatto visivo e usare brevi frasi di conferma come "Capisco".

- **Riformulazione**: Ripetere con le proprie parole ciò che l'altra persona ha detto per assicurarsi di aver compreso correttamente. Ad esempio, "Se ho capito bene, tu senti che..."

- **Evitare interruzioni**: Lasciare che l'altra persona esprima completamente il suo punto di vista senza interrompere. Mostrare pazienza e rispetto durante l'ascolto.

Empatia

Dimostrare empatia significa comprendere e condividere i sentimenti dell'altra persona. Questo può aiutare a ridurre le tensioni e a costruire una base di fiducia.

- **Riconoscere le emozioni**: Riconoscere e validare le emozioni dell'altra persona, mostrando comprensione e supporto. Ad esempio, "Capisco che questa situazione ti ha causato stress."

- **Mostrare comprensione**: Fare uno sforzo per vedere la situazione dal punto di vista dell'altra persona. Ad esempio, "Posso capire perché tu ti senti così."

Problem solving collaborativo

Il problem solving collaborativo è un approccio che coinvolge entrambe le parti nella ricerca di soluzioni che soddisfino i bisogni di tutti. Questo metodo promuove la cooperazione e il rispetto reciproco.

- **Identificare il problema**: Iniziare identificando chiaramente il problema e concordando su di esso. Ad esempio, "Sembra che abbiamo una divergenza su come gestire questo progetto."

- **Generare opzioni**: Brainstorming di possibili soluzioni insieme, senza giudicarle immediatamente. Ad esempio, "Quali sono alcune idee che potremmo considerare per risolvere questo problema?"

- **Valutare le opzioni**: Discutere i pro e i contro di ogni opzione e valutare quale potrebbe essere la migliore soluzione. Ad esempio, "Quali sono i vantaggi e gli svantaggi di questa opzione?"

- **Accordo comune**: Arrivare a un accordo su quale soluzione adottare e definire un piano d'azione. Ad esempio, "Siamo d'accordo che questa è la soluzione migliore. Ecco come procederemo..."

Mediazione

In alcuni casi, può essere utile coinvolgere un mediatore neutrale per facilitare la risoluzione del conflitto. La mediazione può aiutare a mantenere la calma e a garantire che tutte le parti siano ascoltate in modo equo.

- **Scelta del mediatore**: Scegliere una persona neutrale e rispettata da entrambe le parti. Questo potrebbe essere un manager, un consulente HR o un professionista esterno.

- **Processo strutturato**: Seguire un processo strutturato in cui il mediatore guida la discussione, aiuta a identificare i problemi e facilita la ricerca di soluzioni. Ad esempio, il mediatore potrebbe stabilire delle regole di base e condurre la discussione attraverso domande mirate.

- **Impegno alla risoluzione**: Tutte le parti devono essere impegnate a lavorare insieme verso una risoluzione. Ad esempio, il mediatore potrebbe chiedere a ciascuna parte di dichiarare il proprio impegno a trovare una soluzione.

Accordo scritto

Formalizzare gli accordi può aiutare a garantire che tutte le parti comprendano e rispettino le decisioni prese. Un accordo scritto può servire come riferimento per evitare futuri conflitti.

- **Documentazione delle decisioni**: Scrivere un documento che dettagli le decisioni prese, i compiti assegnati e le scadenze. Ad esempio, "Abbiamo concordato che X farà Y entro la data Z."

- **Firma delle parti coinvolte**: Assicurarsi che tutte le parti coinvolte leggano e firmino l'accordo per dimostrare il loro consenso. Ad esempio, "Per favore, firmiamo tutti questo documento per confermare il nostro accordo."

Follow-up

Il follow-up è cruciale per assicurarsi che il conflitto sia effettivamente risolto e che non emergano nuovi problemi. Il monitoraggio continuo delle soluzioni adottate aiuta a mantenere la pace e la collaborazione nel tempo.

- **Riunioni di verifica**: Pianificare riunioni di verifica periodiche per discutere i progressi e affrontare eventuali problemi persistenti. Ad esempio, "Ci incontreremo di nuovo tra un mese per valutare come stanno andando le cose."

- **Feedback continuo**: Chiedere e fornire feedback continuo per migliorare continuamente le relazioni e i processi di risoluzione dei conflitti. Ad esempio, "Come senti che stiamo gestendo la situazione? C'è qualcosa che possiamo fare meglio?"

In conclusione, affrontare e risolvere i conflitti tra colleghi richiede l'uso di tecniche efficaci come la comunicazione assertiva, l'ascolto attivo, l'empatia, il problem solving collaborativo, la mediazione, l'accordo scritto e il follow-up. Implementando queste strategie, i professionisti della salute possono migliorare la qualità delle interazioni tra colleghi, promuovere un ambiente di lavoro collaborativo e mantenere relazioni professionali armoniose e produttive.

Creare un ambiente di lavoro collaborativo

Un ambiente di lavoro collaborativo è essenziale per la produttività e il benessere dei professionisti della salute. La collaborazione efficace non solo migliora l'efficienza operativa, ma promuove anche un senso di comunità e supporto reciproco. In questo paragrafo, esploreremo come lavorare in team per raggiungere questi obiettivi.

Lavorare in team

Lavorare in team è una componente cruciale di un ambiente di lavoro collaborativo. Un team ben funzionante può affrontare meglio le sfide, innovare e fornire un'assistenza sanitaria di alta qualità. Ecco alcune strategie per lavorare efficacemente in team.

Definire ruoli e responsabilità

Una chiara definizione dei ruoli e delle responsabilità all'interno del team è fondamentale per evitare confusione e sovrapposizioni.

- **Chiarezza nei compiti**: Assegnare compiti specifici a ciascun membro del team, assicurandosi che tutti comprendano le proprie responsabilità. Ad esempio, un membro potrebbe essere responsabile della gestione delle risorse, mentre un altro si occupa del coordinamento dei pazienti.

- **Descrizioni di ruolo**: Fornire descrizioni di ruolo dettagliate che chiariscano le aspettative e i confini delle responsabilità. Ad esempio, "Il coordinatore del team è responsabile della pianificazione delle riunioni e della comunicazione tra i membri del team."

Comunicazione aperta e frequente

La comunicazione efficace è il pilastro di un team collaborativo. Incoraggiare una comunicazione aperta e frequente aiuta a prevenire malintesi e a risolvere rapidamente i problemi.

- **Riunioni regolari**: Organizzare riunioni di team regolari per discutere dei progressi, delle sfide e delle strategie future. Ad esempio, riunioni settimanali o quindicinali possono mantenere tutti aggiornati e allineati.

- **Canali di comunicazione**: Stabilire canali di comunicazione chiari e accessibili, come email, chat di gruppo e piattaforme di gestione dei progetti. Ad esempio, utilizzare una piattaforma come Slack o Microsoft Teams per facilitare la comunicazione continua.

- **Feedback costruttivo**: Incoraggiare il feedback costruttivo tra i membri del team. Ad esempio, "Apprezzo il tuo contributo su questo progetto. Penso che potremmo migliorare ulteriormente se..."

Collaborazione interprofessionale

Promuovere la collaborazione interprofessionale permette di sfruttare al meglio le competenze diverse all'interno del team, migliorando l'efficacia complessiva.

- **Riconoscere le competenze**: Valorizzare le diverse competenze e conoscenze che ogni membro del team porta. Ad esempio, un infermiere può offrire un punto di vista unico sulla gestione dei pazienti che un medico potrebbe non considerare.

- **Lavoro congiunto**: Incoraggiare progetti congiunti e la condivisione delle responsabilità per sfruttare al meglio le competenze complementari. Ad esempio, "Lavoriamo insieme per sviluppare questo protocollo di trattamento, combinando la tua esperienza clinica con la mia esperienza amministrativa."

Costruire la fiducia

La fiducia tra i membri del team è essenziale per una collaborazione efficace. Senza fiducia, la comunicazione e la cooperazione possono essere compromesse.

- **Affidabilità**: Essere affidabili e mantenere gli impegni presi è fondamentale per costruire la fiducia. Ad esempio, se un membro del team promette di completare un compito entro una certa data, è importante rispettare quella scadenza.

- **Supporto reciproco**: Offrire supporto reciproco nei momenti di difficoltà. Ad esempio, se un membro del team ha un carico di lavoro eccessivo, gli altri dovrebbero essere disposti ad aiutare.

- **Trasparenza**: Essere trasparenti nelle comunicazioni e nelle decisioni. Ad esempio, spiegare chiaramente le ragioni dietro le decisioni del team aiuta a creare un ambiente di fiducia.

Risolvere i conflitti

Gestire i conflitti in modo efficace è cruciale per mantenere l'armonia all'interno del team.

- **Approccio proattivo**: Affrontare i conflitti non appena emergono per evitare che si aggravino. Ad esempio, "Ho notato che ci sono state delle tensioni recenti. Parliamone per trovare una soluzione."

- **Mediazione**: Utilizzare tecniche di mediazione per facilitare la risoluzione dei conflitti. Ad esempio, un mediatore può aiutare a facilitare una discussione aperta e a trovare un terreno comune.

- **Soluzioni condivise**: Cercare soluzioni che soddisfino tutte le parti coinvolte. Ad esempio, "Possiamo trovare un compromesso che funzioni per entrambi?"

Formazione e sviluppo continuo

Investire nella formazione e nello sviluppo continuo del team è essenziale per mantenere alto il livello di competenza e per adattarsi ai cambiamenti nel campo della salute.

- **Corsi di aggiornamento**: Offrire opportunità di formazione continua per tutti i membri del team. Ad esempio, corsi di aggiornamento sulle nuove tecnologie o sui protocolli clinici.

- **Workshop di team building**: Organizzare workshop e attività di team building per migliorare la coesione e la collaborazione.

Ad esempio, sessioni di problem solving di gruppo o attività di costruzione della fiducia.

- **Mentoring**: Implementare programmi di mentoring per aiutare i membri meno esperti a crescere professionalmente. Ad esempio, un medico senior può fare da mentore a un giovane specialista.

In conclusione, lavorare in team richiede un impegno costante nella definizione chiara dei ruoli, nella comunicazione aperta, nella collaborazione interprofessionale, nella costruzione della fiducia, nella gestione dei conflitti e nella formazione continua. Implementando queste strategie, i professionisti della salute possono creare un ambiente di lavoro collaborativo che migliora la qualità delle cure e il benessere complessivo del team.

Mantenere relazioni positive

Mantenere relazioni positive tra i colleghi è cruciale per un ambiente di lavoro armonioso e produttivo. Le relazioni positive migliorano la comunicazione, la collaborazione e il morale del team, contribuendo a una maggiore soddisfazione lavorativa e a migliori risultati. Ecco alcune strategie per mantenere relazioni positive sul posto di lavoro.

Promuovere il rispetto reciproco

Il rispetto reciproco è alla base di qualsiasi relazione positiva. Trattare i colleghi con rispetto e considerazione è essenziale per costruire fiducia e collaborazione.

- **Riconoscere i contributi**: Riconoscere e apprezzare i contributi di ogni membro del team. Ad esempio, ringraziare pubblicamente un collega per il suo impegno in un progetto può rafforzare il rispetto reciproco.

- **Trattare tutti con equità**: Assicurarsi che tutti i membri del team siano trattati in modo equo e rispettoso, indipendentemente dal loro ruolo o livello di esperienza. Ad esempio, dare a tutti l'opportunità di esprimere le proprie idee durante le riunioni.

Comunicazione positiva

La comunicazione positiva è fondamentale per mantenere relazioni sane e produttive. Utilizzare un linguaggio positivo e costruttivo può fare una grande differenza nelle interazioni quotidiane.

- **Feedback costruttivo**: Fornire feedback costruttivo in modo positivo e che possa essere di supporto. Ad esempio, invece di dire "Hai sbagliato questo," dire "Potremmo migliorare questo aspetto facendo..."

- **Ascolto attivo**: Praticare l'ascolto attivo per mostrare che si apprezzano e comprendono i punti di vista degli altri. Ad esempio, "Capisco il tuo punto di vista e apprezzo il tuo contributo."

Supporto reciproco

Il supporto reciproco è essenziale per mantenere un ambiente di lavoro positivo. Essere pronti ad aiutare i colleghi in difficoltà crea un senso di comunità e appartenenza.

- **Offrire aiuto**: Essere disponibili a offrire aiuto quando un collega ne ha bisogno. Ad esempio, "Se hai bisogno di una mano con questo progetto, fammi sapere."

- **Sostenere i colleghi**: Sostenere i colleghi durante momenti difficili, sia professionalmente che personalmente. Ad esempio,

"So che stai attraversando un periodo difficile. Se c'è qualcosa che posso fare per aiutarti, dimmelo."

Collaborazione e lavoro di squadra

La collaborazione e il lavoro di squadra sono fondamentali per mantenere relazioni positive. Lavorare insieme verso obiettivi comuni rafforza i legami tra i membri del team.

- **Obiettivi comuni**: Definire obiettivi comuni che il team può raggiungere lavorando insieme. Ad esempio, "Lavoriamo insieme per migliorare il nostro processo di gestione dei pazienti."

- **Divisione equa del lavoro**: Assicurarsi che il carico di lavoro sia distribuito equamente tra i membri del team. Ad esempio, "Dividiamo queste attività in modo che tutti abbiano una parte equa."

Gestione dei conflitti

Affrontare e risolvere i conflitti in modo efficace è essenziale per mantenere relazioni positive. Ignorare i conflitti può portare a risentimenti e tensioni.

- **Affrontare i conflitti tempestivamente**: Affrontare i conflitti non appena emergono per evitare che si aggravino. Ad esempio, "Parliamo di questo problema ora per trovare una soluzione."

- **Approccio collaborativo**: Utilizzare un approccio collaborativo per risolvere i conflitti, cercando soluzioni che soddisfino tutte le parti coinvolte. Ad esempio, "Cerchiamo di capire insieme come possiamo risolvere questa situazione."

Attività di team building

Le attività di team building possono rafforzare le relazioni tra i membri del team, migliorare la comunicazione e promuovere un senso di appartenenza.

- **Eventi sociali**: Organizzare eventi sociali regolari, come pranzi di squadra o uscite dopo il lavoro, per costruire rapporti più forti. Ad esempio, "Ogni mese organizziamo un pranzo di squadra per conoscerci meglio."

- **Workshop e corsi**: Partecipare a workshop e corsi di formazione insieme per migliorare le competenze collaborative. Ad esempio, "Partecipiamo a questo workshop di comunicazione per migliorare le nostre interazioni quotidiane."

Riconoscimento e gratitudine

Riconoscere e mostrare gratitudine per il lavoro dei colleghi è un potente strumento per mantenere relazioni positive.

- **Riconoscimento pubblico**: Riconoscere i successi e i contributi dei colleghi in pubblico, durante riunioni o attraverso comunicazioni interne. Ad esempio, "Voglio ringraziare [Nome] per il suo eccellente lavoro su questo progetto."

- **Gratitudine quotidiana**: Esprimere gratitudine quotidianamente per i piccoli gesti e contributi. Ad esempio, "Grazie per avermi aiutato con quella pratica, è stato molto utile."

Creare un ambiente di fiducia

La fiducia è la base di tutte le relazioni positive. Creare e mantenere un ambiente di fiducia richiede coerenza, trasparenza e rispetto reciproco.

- **Coerenza nelle azioni**: Essere coerenti nelle proprie azioni e mantenere le promesse fatte. Ad esempio, "Se dici che farai qualcosa, assicurati di farlo."

- **Trasparenza**: Essere trasparenti nelle decisioni e nelle comunicazioni. Ad esempio, "Spieghiamo chiaramente perché stiamo facendo questi cambiamenti."

In conclusione, mantenere relazioni positive sul posto di lavoro richiede un impegno continuo nel promuovere il rispetto reciproco, la comunicazione positiva, il supporto reciproco, la collaborazione, la gestione dei conflitti, le attività di team building, il riconoscimento e la creazione di un ambiente di fiducia. Implementando queste strategie, i professionisti della salute possono creare un ambiente di lavoro armonioso e produttivo, migliorando la qualità delle cure e il benessere complessivo del team.

Test Capitolo 5: Comunicazione assertiva con i colleghi

La comunicazione assertiva con i colleghi è essenziale per creare un ambiente di lavoro collaborativo e produttivo. Questo test ti aiuterà a valutare la tua capacità di comunicare in modo assertivo e a identificare le aree in cui puoi migliorare. Rispondi alle domande che seguono scegliendo una delle quattro opzioni. Ogni risposta corrisponde a un punteggio specifico. Alla fine del test, potrai analizzare i risultati per comprendere meglio le tue competenze attuali e identificare le aree in cui puoi migliorare.

Questionario di autovalutazione

1. Come ti comporti quando un collega esprime un'opinione diversa dalla tua durante una riunione?

A) Mi limito a non rispondere per evitare il conflitto.
B) Cerco di dimostrare subito che la mia opinione è corretta.
C) Ascolto attentamente e poi esprimo la mia opinione in modo calmo e rispettoso.
D) Cerco di integrare le opinioni, trovando un punto di incontro.

2. Cosa fai se ritieni che un collega non stia contribuendo abbastanza a un progetto di gruppo?

A) Evito di affrontare il problema, sperando che la situazione migliori da sola.
B) Parlo con altri colleghi del comportamento inappropriato.
C) Parlo direttamente con il collega, esprimendo le mie preoccupazioni in modo chiaro e rispettoso.
D) Coinvolgo il team leader o il supervisore per trovare una soluzione.

3. Come gestisci una situazione in cui ti senti sovraccaricato di lavoro e un collega ti chiede aiuto?

A) Accetto di aiutare il collega, nonostante il mio carico di lavoro, per evitare tensioni.

B) Rifiuto di aiutare senza spiegare il motivo.

C) Spiego al collega il mio carico di lavoro attuale e cerco di trovare un modo per aiutarlo in futuro.

D) Suggerisco al collega di cercare aiuto altrove e spiego la mia situazione.

4. Quando un collega ti critica per qualcosa che hai fatto, come reagisci?

A) Mi difendo subito, cercando di giustificare le mie azioni.

B) Evito di rispondere e cerco di ignorare la critica.

C) Ascolto la critica attentamente, ringrazio il collega per il feedback e rifletto su come migliorare.

D) Chiedo al collega di fornire esempi specifici per capire meglio la critica e come posso migliorare.

5. Se noti che c'è una tensione crescente tra due colleghi, cosa fai?

A) Ignoro la situazione, sperando che si risolva da sola.

B) Parlo con altri colleghi della tensione, senza intervenire direttamente.

C) Offro di facilitare una discussione tra i due colleghi per aiutare a risolvere il conflitto.

D) Parlo con ciascun collega separatamente per capire meglio la situazione e poi cerco di mediarla.

6. Come ti assicuri che le riunioni di team siano produttive e tutti possano esprimersi?

A) Non intervengo nella gestione delle riunioni, lascio che si svolgano naturalmente.

B) Intervengo solo quando ci sono problemi evidenti di comunicazione.

C) Incoraggio tutti a partecipare e cerco di creare un ambiente aperto e inclusivo.

D) Propongo di seguire un ordine del giorno strutturato e di dare a tutti la possibilità di parlare.

7. Come gestisci le differenze di opinione con i colleghi quando si tratta di decisioni importanti?

A) Cerco di evitare il conflitto e accetto le decisioni degli altri.

B) Insisto sulle mie opinioni, cercando di convincere gli altri.

C) Ascolto attentamente le opinioni degli altri e cerco di trovare una soluzione condivisa.

D) Propongo una discussione approfondita per valutare tutte le opzioni prima di prendere una decisione.

Analisi dei risultati

Interpretazione del tuo punteggio nel test di comunicazione assertiva con i colleghi:

Se hai ottenuto una maggioranza di risposte A:

Le tue competenze nella comunicazione assertiva con i colleghi sono carenti. Potresti tendere a evitare il conflitto e a non esprimere le tue opinioni chiaramente. È importante lavorare sulla tua capacità di comunicare in modo aperto e rispettoso per migliorare le relazioni con i colleghi e contribuire a un ambiente di lavoro più collaborativo.

Se hai ottenuto una maggioranza di risposte B:

Hai una tendenza a reagire in modo difensivo o a cercare di imporre le tue opinioni. Questo approccio può causare tensioni e conflitti non risolti. Migliorare le tue abilità di ascolto e di comunicazione empatica ti aiuterà a gestire meglio le differenze di opinione e a costruire relazioni più forti con i tuoi colleghi.

Se hai ottenuto una maggioranza di risposte C:

Dimostri buone competenze nella comunicazione assertiva. Sei in grado di esprimere le tue opinioni in modo chiaro e rispettoso, ascoltare attentamente i colleghi e cercare soluzioni collaborative. Continua a coltivare queste abilità e a cercare opportunità per migliorare ulteriormente.

Se hai ottenuto una maggioranza di risposte D:

Le tue competenze nella comunicazione assertiva sono eccellenti. Sei in grado di gestire i conflitti in modo costruttivo, facilitare discussioni produttive e creare un ambiente di lavoro inclusivo e collaborativo. Mantieni queste pratiche e condividi le tue esperienze con i colleghi per promuovere una cultura di comunicazione assertiva nel tuo team.

Riflessione finale

Questo test è uno strumento prezioso per riflettere sulle tue capacità di comunicazione assertiva con i colleghi. Utilizzalo come guida per identificare le aree di forza e di miglioramento nelle tue competenze comunicative e relazionali. Migliorare queste abilità non solo rafforzerà le tue relazioni professionali, ma contribuirà anche a creare un ambiente di lavoro più efficace e soddisfacente.

Domande di Riflessione Capitolo 5

Le domande di riflessione ti aiutano a pensare in modo più approfondito alle tue esperienze di comunicazione e a come applicare le nuove conoscenze nella tua vita quotidiana. Utilizzale per valutare i tuoi progressi, identificare aree di miglioramento e sviluppare un piano d'azione per diventare un professionista della salute più assertivo ed efficace.

Gestire i conflitti tra colleghi

Come identifichi i segnali di conflitto tra colleghi?

Riflettere sui segnali verbali e non verbali che osservi sul posto di lavoro per individuare potenziali conflitti.

Quali sono le cause più comuni dei conflitti nel tuo ambiente di lavoro?

Pensare alle situazioni che spesso portano a tensioni e malintesi tra i colleghi.

In che modo affronti i conflitti non appena li identifichi?

Considera le azioni immediate che prendi per gestire e risolvere i conflitti.

Tecniche efficaci per affrontare e risolvere i conflitti

Come utilizzi la comunicazione assertiva per risolvere i conflitti?

Riflettere su esempi concreti di come hai applicato la comunicazione assertiva per gestire i conflitti.

In che modo pratichi l'ascolto attivo durante le discussioni di conflitto?

Considera le tecniche di ascolto attivo che usi per comprendere meglio le preoccupazioni degli altri.

Come dimostri empatia nelle situazioni di conflitto?

Pensare ai modi in cui riconosci e validi le emozioni degli altri durante i conflitti.

Quali strategie di problem solving collaborativo hai utilizzato con successo?

Riflettere sui metodi di problem solving che hanno funzionato bene per risolvere i conflitti in modo collaborativo.

Creare un ambiente di lavoro collaborativo

Quali pratiche adotti per promuovere il rispetto reciproco tra i colleghi?

Considera le azioni che intraprendi per garantire che tutti i membri del team si sentano rispettati e valorizzati.

In che modo incoraggi una comunicazione positiva all'interno del team?

Riflettere su come promuovi un linguaggio positivo e costruttivo nelle interazioni quotidiane.

Come supporti i colleghi in momenti di difficoltà?

Pensare ai modi in cui offri supporto emotivo e pratico ai colleghi che ne hanno bisogno.

Quali strategie utilizzi per facilitare la collaborazione e il lavoro di squadra?

Considera le tecniche che implementi per migliorare la collaborazione e il lavoro di squadra tra i membri del team.

Mantenere relazioni positive

Come affronti i conflitti in modo tempestivo ed efficace?

Riflettere sulle azioni che prendi per risolvere i conflitti non appena emergono.

In che modo partecipi a attività di team building per rafforzare le relazioni con i colleghi?

Considera le attività di team building che hai trovato efficaci per migliorare le relazioni tra i colleghi.

Quali sono i metodi che utilizzi per riconoscere e mostrare gratitudine per il lavoro dei colleghi?

Pensare ai modi in cui esprimi apprezzamento e riconoscimento per il contributo dei colleghi.

Come crei un ambiente di fiducia tra i membri del team?

Riflettere sulle pratiche che utilizzi per costruire e mantenere un ambiente di fiducia e trasparenza.

Riflessione finale

Utilizza queste domande di riflessione come guida per approfondire la tua comprensione della comunicazione assertiva con i colleghi. Esse ti aiuteranno a identificare aree di forza e di miglioramento, permettendoti di sviluppare un piano concreto per migliorare le tue competenze comunicative e relazionali. Questo processo di riflessione ti aiuterà a diventare un professionista della salute più efficace, empatico e rispettato.

CAPITOLO 6: GESTIONE DELLA SALUTE MENTALE

La salute mentale è un aspetto fondamentale per i professionisti della salute, spesso sottoposti a stress elevati e pressioni continue. Bilanciare le esigenze lavorative con la vita personale è essenziale per mantenere il benessere psicologico e prevenire il burnout. In questo capitolo, esploreremo strategie pratiche per gestire la salute mentale, con un focus su come bilanciare efficacemente il lavoro e la vita personale.

Bilanciare il lavoro e la vita personale

Bilanciare il lavoro e la vita personale è una sfida comune per i professionisti della salute. Le lunghe ore di lavoro, le emergenze improvvise e le responsabilità multiple possono rendere difficile mantenere un equilibrio sano. Tuttavia, trovare questo equilibrio è cruciale per prevenire il burnout e garantire una carriera sostenibile e soddisfacente. In questo paragrafo, esamineremo diverse strategie per bilanciare il lavoro e la vita personale, migliorando così la qualità della vita e la salute mentale complessiva.

Strategie per prevenire il burnout

Il burnout è una condizione di esaurimento fisico, emotivo e mentale causato da stress prolungato e eccessivo. Per i professionisti della salute, il burnout può avere conseguenze gravi non solo sulla propria salute ma anche sulla qualità delle cure fornite ai pazienti. Prevenire il burnout è essenziale per mantenere una carriera sostenibile e soddisfacente. Ecco alcune strategie efficaci per prevenire il burnout:

1. Stabilire limiti chiari

Stabilire limiti chiari tra lavoro e vita personale è fondamentale per prevenire il burnout. Questo implica definire orari di lavoro e rispettarli il più possibile, non portando il lavoro a casa e riservando tempo per sé stessi e la famiglia.

- **Orari di lavoro definiti**: Stabilire orari di lavoro specifici e cercare di rispettarli rigorosamente. Ad esempio, decidere di non rispondere a email o telefonate di lavoro dopo le 18:00.

- **Spazi separati**: Creare spazi fisici distinti per il lavoro e per la vita personale. Ad esempio, evitare di lavorare nella camera da letto per mantenere la separazione tra lavoro e riposo.

- **Priorità al tempo personale**: Riservare del tempo per le attività personali e per la famiglia, considerandolo non negoziabile. Ad esempio, pianificare serate settimanali libere per attività di svago o per passare del tempo con i propri cari.

2. Praticare l'autocura

L'autocura è essenziale per mantenere il benessere fisico e mentale. Prendersi del tempo per sé stessi e per le proprie necessità può aiutare a ricaricare le energie e a ridurre lo stress.

- **Attività fisica regolare**: Fare esercizio fisico regolarmente per mantenere il corpo in salute e ridurre lo stress. Ad esempio, dedicare almeno 30 minuti al giorno a una passeggiata, a una corsa o a un'attività sportiva.

- **Alimentazione equilibrata**: Seguire una dieta sana ed equilibrata per mantenere alti i livelli di energia e migliorare l'umore. Ad esempio, evitare cibi ricchi di zuccheri e grassi saturi e privilegiare frutta, verdura, proteine magre e cereali integrali.

- **Sonno di qualità**: Garantire un sonno adeguato e di qualità per permettere al corpo e alla mente di recuperare. Ad esempio, mantenere una routine di sonno regolare e creare un ambiente tranquillo e buio per dormire.

3. Gestire lo stress

Imparare a gestire lo stress in modo efficace è cruciale per prevenire il burnout. Esistono varie tecniche e pratiche che possono aiutare a ridurre lo stress quotidiano.

- **Tecniche di rilassamento**: Praticare tecniche di rilassamento come la meditazione, la respirazione profonda e lo yoga per ridurre lo stress. Ad esempio, dedicare 10 minuti al giorno alla meditazione mindfulness.

- **Pianificazione e organizzazione**: Pianificare e organizzare le attività quotidiane per evitare di sentirsi sopraffatti. Ad esempio, usare un'agenda per tenere traccia degli impegni e delle scadenze, dando la giusta priorità alle attività più importanti.

- **Delegare compiti**: Delegare compiti e responsabilità quando possibile per ridurre il carico di lavoro. Ad esempio, chiedere ai colleghi di assumersi alcune responsabilità o delegare attività domestiche.

4. Coltivare relazioni positive

Coltivare relazioni positive sia sul lavoro che nella vita personale è fondamentale per il benessere mentale. Relazioni di supporto possono fornire un sostegno emotivo importante nei momenti di stress.

- **Supporto sociale**: Mantenere e coltivare relazioni con amici, familiari e colleghi che offrono supporto e comprensione. Ad esempio, partecipare a gruppi di supporto o a comunità di interesse comune.

- **Comunicazione aperta**: Comunicare apertamente con i colleghi e i supervisori riguardo alle proprie necessità e ai propri limiti. Ad esempio, discutere apertamente delle sfide lavorative e chiedere supporto quando necessario.

- **Tempo di qualità**: Passare del tempo di qualità con le persone care, facendo attività che piacciono e che rafforzano i legami. Ad esempio, organizzare una cena settimanale con la famiglia o un'uscita con gli amici.

5. Cercare supporto professionale

Quando lo stress diventa troppo difficile da gestire da soli, è importante cercare supporto professionale. Un terapeuta o un consulente può offrire strumenti e strategie per affrontare lo stress e prevenire il burnout.

- **Consulenza psicologica**: Rivolgersi a un terapeuta o a un consulente per discutere delle proprie preoccupazioni e trovare strategie per gestire lo stress. Ad esempio, partecipare a sessioni settimanali di terapia per esplorare le cause del burnout e sviluppare tecniche di coping.

- **Programmi di assistenza**: Utilizzare i programmi di assistenza ai dipendenti (EAP) offerti dall'organizzazione per ricevere supporto e risorse. Ad esempio, partecipare a workshop sul benessere mentale o accedere a consulenze gratuite o a basso costo.

6. Praticare la gratitudine

La gratitudine è un potente strumento per migliorare il benessere mentale. Praticare la gratitudine può aiutare a mantenere una prospettiva positiva e a ridurre lo stress.

- **Diario della gratitudine:** Tenere un diario della gratitudine in cui annotare ogni giorno almeno tre cose per cui si è grati. Ad esempio, scrivere "Oggi sono grato per il supporto dei miei colleghi, per aver avuto tempo per una passeggiata e per un buon pranzo."

- **Riconoscimento degli altri:** Esprimere gratitudine verso i colleghi e le persone care per il loro supporto e contributo. Ad esempio, ringraziare un collega per il suo aiuto su un progetto o riconoscere il supporto della famiglia.

In conclusione, prevenire il burnout richiede un approccio proattivo e olistico. Stabilire limiti chiari, praticare l'autocura, gestire lo stress, coltivare relazioni positive, cercare supporto professionale e praticare la gratitudine sono tutte strategie efficaci per mantenere il benessere mentale e prevenire il burnout. Implementando queste strategie, i professionisti della salute possono migliorare la loro qualità della vita, mantenere alta la qualità delle cure fornite ai pazienti e sostenere una carriera lunga e soddisfacente.

Tecniche di gestione dello stress

La gestione dello stress è fondamentale per mantenere il benessere mentale e fisico, specialmente per i professionisti della salute che affrontano quotidianamente situazioni complesse e impegnative. Applicare tecniche efficaci di gestione dello stress può prevenire il burnout e migliorare la qualità della vita. Di seguito, esploreremo alcune delle tecniche più efficaci per gestire lo stress.

1. Respirazione profonda e consapevole

La respirazione profonda è una tecnica semplice ma potente per ridurre lo stress. Concentrarsi sulla respirazione può aiutare a calmare la mente e il corpo.

- **Tecnica della respirazione diaframmatica**: Inspirare lentamente e profondamente attraverso il naso, facendo espandere l'addome, trattenere il respiro per qualche secondo, poi espirare lentamente attraverso la bocca. Ripetere per 5-10 minuti.

- **Respirazione quadrata**: Inspirare contando fino a quattro, trattenere il respiro contando fino a quattro, espirare contando fino a quattro e trattenere il respiro contando fino a quattro. Ripetere per alcuni minuti.

2. Meditazione e mindfulness

La meditazione e la mindfulness sono tecniche efficaci per aumentare la consapevolezza e ridurre lo stress. Queste pratiche aiutano a concentrarsi sul momento presente, riducendo l'ansia e le preoccupazioni.

- **Meditazione guidata**: Seguire una meditazione guidata tramite app o registrazioni audio può aiutare a focalizzarsi e rilassarsi. Ad esempio, utilizzare app come Headspace o Calm.

- **Pratica della mindfulness**: Concentrare l'attenzione sulle sensazioni fisiche, i suoni e i pensieri senza giudicarli. Ad esempio, fare una passeggiata consapevole, prestando attenzione a ogni passo e alla respirazione.

3. Attività fisica

L'esercizio fisico è uno dei modi più efficaci per ridurre lo stress. L'attività fisica rilascia endorfine, che migliorano l'umore e riducono l'ansia.

- **Esercizi aerobici**: Attività come camminare, correre, nuotare o andare in bicicletta possono aiutare a ridurre lo stress. Ad esempio, dedicare almeno 30 minuti al giorno a una di queste attività.

- **Yoga e stretching**: Praticare yoga o esercizi di stretching può migliorare la flessibilità, ridurre la tensione muscolare e promuovere il rilassamento. Ad esempio, seguire lezioni di yoga online o in studio.

4. Organizzazione e gestione del tempo

Un'organizzazione efficace e una buona gestione del tempo possono ridurre significativamente lo stress. Pianificare le attività aiuta a evitare di sentirsi sopraffatti.

- **Lista delle cose da fare**: Creare una lista delle attività quotidiane, settimanali o mensili per avere una visione chiara delle priorità. Ad esempio, usare un'agenda o un'app di gestione delle attività come Todoist o MinimaList.

- **Tecnica del Pomodoro**: Utilizzare la tecnica del Pomodoro per migliorare la produttività e gestire il tempo. Lavorare per 25 minuti, fare una pausa di 5 minuti e ripetere. Dopo quattro sessioni, fare una pausa più lunga di 15-30 minuti.

5. Alimentazione equilibrata

Una dieta equilibrata e sana può influenzare positivamente il livello di stress. Nutrire il corpo con i giusti alimenti aiuta a mantenere alti i livelli di energia e a migliorare l'umore.

- **Evitare cibi ad alto contenuto di zuccheri e grassi**: Limitare il consumo di alimenti trasformati, zuccheri raffinati e grassi saturi. Ad esempio, preferire spuntini sani come frutta, noci e yogurt.

- **Includere alimenti ricchi di nutrienti**: Integrare nella dieta alimenti ricchi di vitamine, minerali e antiossidanti, come frutta, verdura, cereali integrali, proteine magre e grassi sani. Ad esempio, mangiare una varietà di colori nel piatto per garantire un apporto equilibrato di nutrienti.

6. Dormire adeguatamente

Il sonno è cruciale per la gestione dello stress. Un sonno di qualità permette al corpo e alla mente di rigenerarsi, riducendo l'ansia e migliorando la concentrazione.

- **Routine di sonno regolare**: Stabilire e mantenere una routine di sonno regolare, andando a letto e svegliandosi alla stessa ora ogni giorno, anche nei fine settimana.

- **Ambiente di sonno ottimale**: Creare un ambiente di sonno confortevole e privo di distrazioni. Ad esempio, mantenere la camera da letto buia, fresca e silenziosa, e limitare l'uso di dispositivi elettronici prima di dormire.

7. Sostegno sociale

Il sostegno sociale è fondamentale per la gestione dello stress. Parlare con amici, familiari o colleghi può fornire un'importante valvola di sfogo e supporto emotivo.

- **Coltivare relazioni positive**: Investire tempo nelle relazioni con amici e familiari, partecipare a eventi sociali e attività di gruppo. Ad esempio, organizzare cene settimanali o partecipare a gruppi di interesse comune.

- **Chiedere supporto**: Non esitare a chiedere aiuto quando necessario. Ad esempio, parlare con un amico di fiducia o cercare il supporto di un professionista in caso di necessità.

8. Praticare hobby e attività ricreative

Dedicare tempo a hobby e attività che piacciono è essenziale per rilassarsi e distogliere la mente dalle preoccupazioni quotidiane.

- **Attività creative**: Partecipare a attività creative come disegno, pittura, scrittura o musica. Ad esempio, dedicare un'ora alla settimana a un progetto artistico.

- **Tempo all'aperto**: Passare del tempo all'aperto e in contatto con la natura può avere effetti positivi sullo stress. Ad esempio, fare escursioni, giardinaggio o semplicemente una passeggiata in un parco.

9. Sviluppare un atteggiamento positivo

Mantenere un atteggiamento positivo può aiutare a ridurre lo stress e a migliorare la resilienza. Concentrarsi sugli aspetti positivi della vita e delle situazioni può fare una grande differenza.

- **Riformulazione positiva**: Cercare di riformulare i pensieri negativi in positivi. Ad esempio, invece di pensare "Non ce la farò mai", dire "Farò del mio meglio e imparerò da questa esperienza."

- **Pratica della gratitudine**: Tenere un diario della gratitudine, annotando ogni giorno almeno tre cose per cui si è grati. Questo può aiutare a mantenere una prospettiva positiva.

In conclusione, applicare tecniche efficaci di gestione dello stress è fondamentale per mantenere il benessere mentale e fisico dei professionisti della salute. Respirazione profonda, meditazione, attività fisica, organizzazione del tempo, alimentazione equilibrata, sonno adeguato, sostegno sociale, hobby e un atteggiamento positivo sono tutte strategie che possono contribuire a ridurre lo stress e migliorare la qualità della vita. Implementando queste tecniche, i professionisti della salute possono affrontare meglio le sfide quotidiane e mantenere un equilibrio sano tra lavoro e vita personale.

Mantenere una mente sana nel contesto lavorativo

Mantenere una mente sana nel contesto lavorativo è essenziale per i professionisti della salute che affrontano costantemente situazioni stressanti e impegnative. La capacità di rimanere mentalmente sani e resilienti non solo migliora il benessere personale, ma influisce positivamente anche sulla qualità delle cure fornite ai pazienti. In questo paragrafo, esploreremo le attività che possono migliorare la resilienza emotiva, permettendo ai professionisti della salute di affrontare meglio le sfide del loro lavoro.

Attività per migliorare la resilienza emotiva

La resilienza emotiva è la capacità di adattarsi positivamente alle avversità e di recuperare rapidamente dalle difficoltà. Migliorare la resilienza emotiva è cruciale per i professionisti della salute che devono gestire situazioni di alta pressione e stress. Ecco alcune attività efficaci per rafforzare la resilienza emotiva:

1. Praticare la mindfulness

La mindfulness è una pratica che aiuta a concentrarsi sul momento presente, riducendo lo stress e migliorando la consapevolezza emotiva.

- **Meditazione mindfulness**: Dedica almeno 10-15 minuti al giorno alla meditazione mindfulness. Trova un posto tranquillo, siediti comodamente e concentra la tua attenzione sul respiro, osservando i tuoi pensieri senza giudicarli.

- **Esercizi di consapevolezza:** Durante la giornata, dedica brevi momenti alla consapevolezza. Ad esempio, durante una pausa caffè, prendi un momento per osservare i suoni, gli odori e le sensazioni fisiche che stai sperimentando.

2. Coltivare una mentalità di crescita

Adottare una mentalità di crescita significa vedere le sfide come opportunità di apprendimento e sviluppo personale.

- **Imparare dagli errori:** Invece di vedere gli errori come fallimenti, considerali come opportunità per imparare e migliorare. Riflettere su cosa è andato storto e su come potresti fare meglio la prossima volta.

- **Fissare obiettivi:** Stabilisci obiettivi di sviluppo personale e professionale. Ad esempio, identificare una competenza che vuoi migliorare e creare un piano per raggiungere quell'obiettivo.

3. Costruire reti di supporto

Avere una rete di supporto forte è fondamentale per la resilienza emotiva. Le relazioni positive possono offrire sostegno emotivo e pratico nei momenti di difficoltà.

- **Coltivare relazioni professionali:** Cerca di costruire relazioni positive con i colleghi. Partecipa a eventi sociali e professionali per connetterti con altri professionisti del settore.

- **Supporto reciproco:** Offri supporto ai colleghi e chiedi aiuto quando ne hai bisogno. La reciprocità nelle relazioni di supporto può rafforzare il senso di comunità e appartenenza.

4. Gestire le emozioni

Imparare a gestire le proprie emozioni è un aspetto chiave della resilienza emotiva. Essere consapevoli delle proprie emozioni e saperle regolare può ridurre lo stress e migliorare il benessere.

- **Tecniche di rilassamento**: Pratica tecniche di rilassamento come la respirazione profonda, lo yoga o il tai chi per aiutare a calmare la mente e il corpo.

- **Esprimere le emozioni**: Trova modi sani per esprimere le tue emozioni. Questo potrebbe includere parlare con un amico fidato, scrivere un diario o partecipare a un gruppo di supporto.

5. Prendere decisioni consapevoli

Prendere decisioni consapevoli significa essere attenti e deliberati nelle scelte che fai, considerando attentamente le conseguenze delle tue azioni.

- **Valutare le opzioni**: Quando affronti una decisione importante, prendi il tempo per valutare tutte le opzioni e le loro possibili conseguenze. Ad esempio, fare una lista dei pro e dei contro di ogni opzione.

- **Essere proattivi**: Adotta un atteggiamento proattivo piuttosto che reattivo. Cerca di anticipare i problemi e pianificare in anticipo come affrontarli.

6. Mantenere un equilibrio tra lavoro e vita privata

Mantenere un equilibrio sano tra lavoro e vita privata è essenziale per la resilienza emotiva. Assicurati di dedicare tempo alle attività che ti piacciono e che ti aiutano a rilassarti.

- **Tempo per sé stessi**: Riserva del tempo per le attività che ti piacciono, come hobby, sport o lettura. Ad esempio, dedicare un'ora al giorno alla tua attività preferita.

- **Stabilire confini**: Definisci confini chiari tra il lavoro e la vita personale. Ad esempio, evita di portare il lavoro a casa e stabilisci orari definiti per il riposo e il tempo libero.

7. Rafforzare il senso di scopo

Avere un forte senso di scopo può aumentare la resilienza emotiva, dando significato e motivazione al lavoro che fai.

- **Riconnettersi con i propri valori**: Riflettere sui propri valori personali e su come il proprio lavoro li rispecchia. Ad esempio, ricordare a sé stessi il motivo per cui hai scelto la professione sanitaria.

- **Trovare significato nel lavoro**: Identificare gli aspetti del proprio lavoro che portano soddisfazione e significato. Ad esempio, pensare ai modi in cui il proprio lavoro aiuta i pazienti e la comunità.

8. Sviluppare competenze di problem solving

Le competenze di problem solving aiutano a gestire le sfide in modo efficace e a trovare soluzioni pratiche ai problemi.

- **Approccio strutturato ai problemi**: Adottare un approccio strutturato per affrontare i problemi, scomponendoli in parti gestibili. Ad esempio, identificare chiaramente il problema, esplorare le possibili soluzioni, scegliere la migliore e attuarla.

- **Creatività nelle soluzioni:** Essere aperti a soluzioni creative e innovative. Pensare fuori dagli schemi può portare a nuove prospettive e approcci ai problemi.

In conclusione, migliorare la resilienza emotiva richiede un impegno consapevole e continuo. Praticare la mindfulness, coltivare una mentalità di crescita, costruire reti di supporto, gestire le emozioni, prendere decisioni consapevoli, mantenere un equilibrio tra lavoro e vita privata, rafforzare il senso di scopo e sviluppare competenze di problem solving sono tutte attività che possono contribuire a una maggiore resilienza emotiva. Implementando queste strategie, i professionisti della salute possono affrontare meglio le sfide del loro lavoro e mantenere una mente sana nel contesto lavorativo.

Sviluppare competenze di intelligenza emotiva

L'intelligenza emotiva è la capacità di riconoscere, comprendere e gestire le proprie emozioni e quelle degli altri. Per i professionisti della salute, sviluppare competenze di intelligenza emotiva è fondamentale per interagire efficacemente con pazienti e colleghi, migliorare la qualità delle cure e mantenere un ambiente di lavoro positivo. In questo paragrafo, ci concentreremo su come comprendere e gestire le proprie emozioni, esplorando tecniche e strategie nuove e specifiche.

Comprendere e gestire le proprie emozioni

Comprendere e gestire le proprie emozioni è un aspetto chiave dell'intelligenza emotiva. Le tecniche che seguono ti aiuteranno a diventare più consapevole delle tue emozioni e a gestirle in modo efficace.

1. Diario delle emozioni

Tenere un diario delle emozioni può aiutarti a identificare i modelli emotivi e a comprendere meglio le cause delle tue emozioni.

- **Annotare le emozioni**: Ogni giorno, prendi nota delle emozioni che provi, descrivendo il contesto e le situazioni che le hanno scatenate. Ad esempio, "Oggi mi sono sentito frustrato durante la riunione perché non mi sono sentito ascoltato."

- **Riflessione quotidiana**: Alla fine della giornata, rileggi le tue annotazioni e rifletti su come le tue emozioni hanno influenzato il tuo comportamento e le tue decisioni. Chiediti come avresti potuto gestire meglio queste emozioni.

2. Auto-dialogo positivo

L'auto-dialogo positivo è una tecnica che coinvolge il parlare a sé stessi in modo incoraggiante e costruttivo, migliorando la gestione delle emozioni negative.

- **Riconoscere i pensieri negativi**: Identifica i pensieri negativi automatici che emergono in situazioni stressanti. Ad esempio, "Non sono abbastanza bravo per gestire questa situazione."

- **Sostituire con affermazioni positive**: Sostituisci questi pensieri con affermazioni positive e realistiche. Ad esempio, "Ho le competenze necessarie per affrontare questa sfida e posso chiedere aiuto se ne ho bisogno."

3. Regolazione emotiva

La regolazione emotiva è la capacità di influenzare le proprie emozioni in modo consapevole e deliberato. Imparare a regolare le proprie emozioni può ridurre lo stress e migliorare il benessere.

- **Tecnica del reframe**: Cambia la tua prospettiva su una situazione stressante per modificarne l'impatto emotivo. Ad esempio, invece di vedere una critica come un attacco personale, considerala come un'opportunità per migliorare.

- **Distrazione positiva**: Quando ti senti sopraffatto dalle emozioni, cerca di distrarti con un'attività piacevole. Ad esempio, ascolta la tua musica preferita, fai una passeggiata o leggi un libro.

4. Visualizzazione guidata

La visualizzazione guidata è una tecnica che utilizza l'immaginazione per creare immagini mentali positive e rilassanti, aiutando a gestire le emozioni.

- **Immagini di calma**: Trova un posto tranquillo, chiudi gli occhi e immagina un luogo che ti fa sentire calmo e sereno, come una spiaggia o una foresta. Concentrati sui dettagli sensoriali, come il suono delle onde o l'odore dei pini.

- **Visualizzare il successo**: Visualizza te stesso mentre affronti con successo situazioni stressanti. Immagina come ti sentirai e come ti comporterai. Ad esempio, immagina di gestire una riunione difficile con calma e sicurezza.

5. Pratica del grounding

La pratica del grounding aiuta a riportare l'attenzione al momento presente e a stabilizzare le emozioni, particolarmente utile quando si è sopraffatti da emozioni intense.

- **Tecnica dei 5-4-3-2-1**: Quando ti senti sopraffatto, usa questa tecnica per radicarti nel presente. Osserva e nomina cinque cose che puoi vedere, quattro che puoi toccare, tre che puoi sentire, due che puoi annusare e una che puoi gustare.

- **Contatto fisico**: Usa il contatto fisico per stabilizzarti, come tenere in mano un oggetto solido o immergere le mani in acqua fredda. Questi stimoli fisici possono aiutarti a tornare al momento presente.

6. Autocompassione

L'autocompassione implica trattare sé stessi con la stessa gentilezza e comprensione che si offrirebbe a un amico. È una componente cruciale per gestire le emozioni negative.

- **Parlare a sé stessi con gentilezza**: Quando ti senti sopraffatto dalle emozioni negative, parla a te stesso in modo gentile. Ad esempio, "È normale sentirsi così in questa situazione. Farò del mio meglio e va bene così."

- **Esercizi di autocompassione**: Pratica esercizi di autocompassione, come mettere una mano sul cuore e ripetere frasi di incoraggiamento. Ad esempio, "Che io possa essere gentile con me stesso in questo momento difficile."

7. Creazione di un piano di azione

Creare un piano di azione per gestire le emozioni può aiutarti a sentirti più in controllo e preparato. Pianificare in anticipo come affrontare situazioni stressanti può ridurre l'ansia e migliorare la gestione emotiva.

- **Identificare le situazioni trigger**: Elenca le situazioni che tendono a scatenare emozioni intense. Ad esempio, "Le riunioni settimanali mi fanno sentire ansioso."

- **Strategie di coping**: Sviluppa strategie specifiche per affrontare queste situazioni. Ad esempio, "Prima delle riunioni, praticherò la respirazione profonda per calmarmi."

In conclusione, comprendere e gestire le proprie emozioni è un processo continuo che richiede consapevolezza e pratica. Tenere un diario delle emozioni, praticare l'auto-dialogo positivo, utilizzare tecniche di regolazione emotiva, visualizzazione guidata, grounding, autocompassione e creare un piano di azione sono tutte strategie efficaci per migliorare la gestione emotiva. Implementando queste tecniche, i professionisti della salute possono aumentare la loro intelligenza emotiva, migliorando così la loro capacità di affrontare le sfide del lavoro quotidiano.

Sviluppare competenze di intelligenza emotiva

Migliorare l'empatia e la relazione con i pazienti è fondamentale per offrire cure di alta qualità e per costruire un rapporto di fiducia. L'empatia permette di comprendere meglio le preoccupazioni dei pazienti, rispondere ai loro bisogni emotivi e creare un ambiente terapeutico positivo. Ecco alcune tecniche e strategie nuove per migliorare l'empatia e la relazione con i pazienti.

Migliorare l'empatia e la relazione con i pazienti

1. Ascolto riflessivo

L'ascolto riflessivo è una tecnica che implica ripetere, parafrasare o riassumere ciò che il paziente ha detto per assicurarsi di aver compreso correttamente e per far sentire il paziente ascoltato.

- **Parafrasi**: Ripetere ciò che il paziente ha detto con parole diverse. Ad esempio, se un paziente dice, "Mi sento molto ansioso riguardo alla mia diagnosi," si può rispondere con, "Capisco che questa diagnosi ti preoccupa molto."

- **Riflessione delle emozioni**: Esprimere comprensione per le emozioni del paziente. Ad esempio, "Sembra che tu ti senta davvero spaventato riguardo a questo trattamento."

2. Narrazione terapeutica

La narrazione terapeutica è l'uso delle storie personali dei pazienti come strumento per comprendere meglio le loro esperienze e per costruire una relazione più profonda.

- **Incoraggiare la condivisione di storie**: Invitare i pazienti a condividere le loro storie personali e ascoltare attentamente senza giudicare. Ad esempio, "Mi piacerebbe sapere di più su come questa condizione ha influenzato la tua vita quotidiana."

- **Utilizzare storie nella terapia**: Utilizzare le storie condivise dai pazienti per esplorare temi emotivi e per offrire supporto. Ad esempio, "Grazie per aver condiviso la tua storia. Capisco meglio quanto questa situazione sia difficile per te."

3. Tecniche di validazione

La validazione è una tecnica che riconosce e conferma i sentimenti e le esperienze del paziente, contribuendo a creare un ambiente di accettazione e supporto.

- **Riconoscere le emozioni**: Riconoscere apertamente le emozioni del paziente senza minimizzarle. Ad esempio, "Capisco che tu possa sentirti frustrato da questa situazione."

- **Normalizzare i sentimenti**: Aiutare il paziente a comprendere che i suoi sentimenti sono normali e validi. Ad esempio, "È normale sentirsi ansiosi in una situazione come questa. Molti pazienti provano le stesse emozioni."

4. Comunicazione non verbale empatica

La comunicazione non verbale gioca un ruolo cruciale nell'esprimere empatia. Utilizzare consapevolmente il linguaggio del corpo può migliorare notevolmente la relazione con il paziente.

- **Contatto visivo**: Mantenere un contatto visivo appropriato per mostrare attenzione e interesse. Ad esempio, guardare il paziente negli occhi mentre parla, senza distrarsi.

- **Gestualità aperte**: Utilizzare gesti che trasmettono apertura e accoglienza, come mantenere le mani aperte e rivolte verso il paziente, o inclinarsi leggermente in avanti per mostrare coinvolgimento.

5. Praticare la presenza piena

Essere pienamente presenti significa dedicare attenzione completa al paziente, senza lasciarsi distrarre da pensieri o attività esterne.

- **Concentrazione totale**: Durante l'interazione con il paziente, eliminare distrazioni come telefoni o computer e concentrarsi completamente sulla conversazione. Ad esempio, spegnere il telefono e chiudere la porta dell'ufficio.

- **Feedback immediato**: Rispondere prontamente alle domande e alle preoccupazioni del paziente, mostrando che si è pienamente presenti e coinvolti. Ad esempio, "Capisco, lascia che risponda a questa tua preoccupazione subito."

6. Empatia cognitiva

L'empatia cognitiva implica comprendere le prospettive e i pensieri del paziente, oltre che i suoi sentimenti.

- **Chiedere chiarimenti**: Fare domande per comprendere meglio la prospettiva del paziente. Ad esempio, "Puoi spiegarmi meglio cosa intendi quando dici che ti senti sopraffatto?"

- **Riassumere i punti principali**: Riassumere ciò che il paziente ha detto per verificare la comprensione e dimostrare interesse. Ad esempio, "Quindi, se ho capito bene, sei preoccupato per come questo trattamento potrebbe influenzare la tua vita quotidiana."

7. Apprendimento continuo

Migliorare l'empatia è un processo continuo. Partecipare a corsi di formazione e leggere materiali sull'empatia può aiutare a sviluppare ulteriormente queste competenze.

- **Formazione sull'empatia**: Partecipare a workshop e corsi di formazione specifici sull'empatia e sulla comunicazione empatica. Ad esempio, frequentare un seminario su come migliorare l'empatia nelle relazioni paziente-medico.

- **Letture e risorse**: Leggere libri e articoli sull'empatia e sulla psicologia dei pazienti per approfondire la comprensione.

8. Tecniche di role-playing

Il role-playing è un esercizio pratico che può migliorare l'empatia permettendo di vedere le situazioni dal punto di vista del paziente.

- **Simulazioni di scenari**: Partecipare a simulazioni di scenari in cui si interpreta il ruolo del paziente per comprendere meglio le loro esperienze e reazioni. Ad esempio, simulare una consultazione medica e riflettere su come ci si sente nel ruolo del paziente.

- **Feedback peer-to-peer**: Ricevere feedback dai colleghi durante le sessioni di role-playing per migliorare l'approccio empatico. Ad esempio, dopo una simulazione, discutere su cosa ha funzionato bene e cosa potrebbe essere migliorato.

9. Tecniche di meditazione empatica

La meditazione empatica aiuta a sviluppare la capacità di sentire empatia per gli altri attraverso la pratica meditativa.

- **Meditazione di gentilezza amorevole**: Praticare la meditazione di gentilezza amorevole, concentrandosi su sentimenti di benevolenza verso sé stessi e verso gli altri. Ad esempio, ripetere mentalmente frasi come "Che io possa essere felice" e "Che tutti gli esseri possano essere felici."

- **Meditazione di compassione**: Durante la meditazione, focalizzarsi sull'invio di pensieri compassionevoli verso i pazienti. Ad esempio, "Possa tu trovare pace e sollievo dal dolore."

In conclusione, migliorare l'empatia e la relazione con i pazienti richiede l'applicazione di tecniche e strategie specifiche. L'ascolto riflessivo, la narrazione terapeutica, le tecniche di validazione, la comunicazione non verbale empatica, la presenza piena, l'empatia cognitiva, l'apprendimento continuo, il role-playing e la meditazione empatica sono strumenti potenti per sviluppare una connessione più profonda e significativa con i pazienti. Implementando queste tecniche, i professionisti della salute possono migliorare la qualità delle cure fornite e costruire relazioni di fiducia più forti con i pazienti.

Test Capitolo 6: Valutare il tuo benessere emotivo

Valutare il proprio benessere emotivo è essenziale per mantenere un equilibrio sano tra vita lavorativa e personale. Questo test ti aiuterà a comprendere meglio il tuo stato emotivo attuale e a identificare le aree in cui potresti migliorare. Rispondi alle domande che seguono scegliendo una delle quattro opzioni. Ogni risposta corrisponde a un punteggio specifico. Alla fine del test, potrai analizzare i risultati per comprendere meglio il tuo benessere emotivo e identificare le strategie per migliorarlo.

Questionario di autovalutazione

1. Come ti senti la maggior parte del tempo durante la giornata lavorativa?

A) Molto stressato e ansioso.
B) Moderatamente stressato, ma gestibile.
C) Rilassato e concentrato.
D) Positivo e motivato.

2. Quanto spesso ti senti sopraffatto dalle tue responsabilità lavorative?

A) Quasi sempre.
B) Spesso.
C) Qualche volta.
D) Raramente.

3. Come gestisci le tue emozioni quando affronti situazioni difficili al lavoro?

A) Le reprimo e mi sento peggio.
B) Le ignoro sperando che passino.
C) Cerco di affrontarle in modo costruttivo.
D) Utilizzo tecniche specifiche per gestirle efficacemente.

4. Quanto spesso pratichi attività di autocura (come esercizio fisico, meditazione, hobby) per migliorare il tuo benessere emotivo?

A) Raramente o mai.
B) Di tanto in tanto.
C) Regolarmente.
D) Quotidianamente.

5. Come descriveresti la qualità del tuo sonno?

A) Scarsa, mi sveglio spesso e mi sento stanco.
B) Variabile, alcuni giorni dormo bene, altri no.
C) Buona, ma potrei migliorare.
D) Ottima, mi sveglio riposato e rinvigorito.

6. Quanto ti senti supportato dai tuoi colleghi e superiori sul lavoro?

A) Per niente supportato.
B) Poco supportato.
C) Abbastanza supportato.
D) Molto supportato.

7. Come gestisci il bilanciamento tra lavoro e vita personale?

A) È un disastro, il lavoro prende il sopravvento.
B) Faccio fatica a trovare un equilibrio.
C) Riuscire a gestire entrambi è una sfida, ma me la cavo.
D) Ho un buon equilibrio e riesco a dedicare tempo a entrambi.

8. Quanto spesso riesci a prendere pause significative durante la giornata lavorativa?

A) Quasi mai, sono sempre impegnato.
B) Raramente, solo quando è assolutamente necessario.
C) Di tanto in tanto, ma non regolarmente.
D) Regolarmente, mi assicuro di fare pause adeguate.

9. Come ti senti riguardo alla tua capacità di dire "no" quando ti viene chiesto di fare qualcosa che va oltre le tue capacità o il tuo carico di lavoro?

A) Non riesco mai a dire "no".
B) Mi è difficile dire "no".
C) A volte riesco a dire "no".
D) Riesco a dire "no" quando necessario senza problemi.

10. Quanto spesso ti senti apprezzato per il lavoro che svolgi?

A) Mai.
B) Raramente.
C) Abbastanza spesso.
D) Molto spesso.

Analisi dei risultati

Interpretazione del tuo punteggio nel test di benessere emotivo:

Se hai ottenuto una maggioranza di risposte A:

Il tuo benessere emotivo è in una situazione critica e richiede attenzione immediata. Potresti sentirti frequentemente stressato, sopraffatto e non supportato. È importante adottare strategie di autocura e cercare supporto professionale per migliorare il tuo stato emotivo e prevenire il burnout.

Se hai ottenuto una maggioranza di risposte B:

Il tuo benessere emotivo è in una fase di vulnerabilità. Sebbene tu riesca a gestire lo stress in qualche misura, ci sono aree significative che necessitano di miglioramento. Concentrati sull'implementazione di pratiche regolari di autocura e su tecniche di gestione dello stress.

Se hai ottenuto una maggioranza di risposte C:

Il tuo benessere emotivo è generalmente positivo, ma c'è ancora spazio per miglioramenti. Continua a praticare tecniche di autocura e cerca di rafforzare le aree in cui ti senti meno equilibrato. Il mantenimento di abitudini sane e il miglioramento continuo delle tue strategie di gestione dello stress saranno benefici.

Se hai ottenuto una maggioranza di risposte D:

Il tuo benessere emotivo è eccellente. Sei in grado di gestire lo stress in modo efficace, mantieni un buon equilibrio tra lavoro e vita personale e ti senti supportato. Continua a praticare queste abitudini sane e condividi le tue strategie con i colleghi per contribuire a un ambiente di lavoro positivo.

Riflessione finale

Questo test è uno strumento prezioso per riflettere sul tuo benessere emotivo. Utilizzalo per identificare le aree di forza e di miglioramento nelle tue competenze emotive e per sviluppare un piano concreto per migliorare il tuo benessere. Migliorare queste abilità non solo rafforzerà il tuo benessere personale, ma contribuirà anche a creare un ambiente di lavoro più sano e soddisfacente per te e per i tuoi colleghi.

Domande di Riflessione Capitolo 6

Le domande di riflessione ti aiutano a pensare in modo più approfondito alle tue esperienze di gestione della salute mentale e a come applicare le nuove conoscenze nella tua vita quotidiana. Utilizzale per valutare i tuoi progressi, identificare aree di miglioramento e sviluppare un piano d'azione per diventare un professionista della salute più resiliente ed efficace.

Bilanciare il lavoro e la vita personale

Quanto tempo riesci a dedicare alle attività personali e alla famiglia ogni settimana?

Riflettere su come gestisci il tuo tempo e se riesci a riservare momenti significativi per te stesso e i tuoi cari.

Quali strategie utilizzi per separare il lavoro dalla vita personale?

Pensa ai metodi che hai implementato per mantenere un equilibrio tra lavoro e vita privata e valuta la loro efficacia.

Quanto spesso ti senti in colpa per non essere riuscito a bilanciare lavoro e vita personale?

Considera se i tuoi sentimenti di colpa influenzano la tua capacità di rilassarti e goderti il tempo libero.

Strategie per prevenire il burnout

Quali segnali di burnout hai notato in te stesso negli ultimi mesi?

Rifletti sui segnali fisici, emotivi e comportamentali che potrebbero indicare un rischio di burnout.

Quali attività di autocura pratiche hai integrato nella tua routine quotidiana?

Pensa alle attività che ti aiutano a rilassarti e a rigenerarti e valuta se ne stai facendo abbastanza.

Come puoi migliorare la tua routine di sonno per garantire un riposo di qualità?

Considera i cambiamenti che potresti apportare alla tua routine serale per migliorare la qualità del tuo sonno.

Tecniche di gestione dello stress

Quali tecniche di gestione dello stress trovi più efficaci?

Riflettere sulle tecniche che utilizzi per gestire lo stress e valutare la loro efficacia.

Come puoi integrare l'attività fisica nella tua routine quotidiana per ridurre lo stress?

Pensa a modi pratici per includere l'esercizio fisico nelle tue giornate lavorative.

In che modo la tua alimentazione influisce sul tuo livello di stress?

Considera se la tua dieta contribuisce al tuo benessere emotivo e se ci sono cambiamenti che potresti fare per migliorare.

Mantenere una mente sana nel contesto lavorativo

Quali sono le principali fonti di stress nel tuo ambiente di lavoro?

Riflettere sui fattori specifici del tuo ambiente di lavoro che contribuiscono allo stress e pensare a possibili soluzioni.

Come puoi migliorare le tue competenze di intelligenza emotiva per gestire meglio le emozioni sul lavoro?

Pensa alle aree della tua intelligenza emotiva che potresti sviluppare ulteriormente per migliorare la gestione delle emozioni.

In che modo puoi rafforzare le tue relazioni con i colleghi per creare un ambiente di lavoro più collaborativo?

Considera le azioni che puoi intraprendere per migliorare la comunicazione e la collaborazione con i tuoi colleghi.

Sviluppare competenze di intelligenza emotiva

Quali tecniche utilizzi per comprendere meglio le tue emozioni?

Riflettere sulle strategie che usi per riconoscere e comprendere le tue emozioni.

Come gestisci le emozioni negative in situazioni di stress elevato?

Pensa ai metodi che utilizzi per affrontare le emozioni negative e valuta se ci sono strategie aggiuntive che potresti adottare.

Come puoi sviluppare ulteriormente la tua empatia nei confronti dei pazienti?

Considera le tecniche che puoi utilizzare per migliorare la tua capacità di comprendere e rispondere alle emozioni dei pazienti.

Riflessione finale

Utilizza queste domande di riflessione come guida per approfondire la tua comprensione della gestione della salute mentale. Esse ti aiuteranno a identificare aree di forza e di miglioramento, permettendoti di sviluppare un piano concreto per migliorare il tuo benessere emotivo. Questo processo di riflessione ti aiuterà a diventare un professionista della salute più resiliente, empatico e efficace, migliorando così la qualità delle cure fornite ai pazienti.

CONCLUSIONE

È stato un viaggio straordinario esplorare insieme i meandri della comunicazione assertiva e della gestione della salute mentale nel contesto professionale. Ti ringrazio di cuore per avermi accompagnato in questo percorso, per aver dedicato il tuo tempo e il tuo impegno a migliorare te stesso come professionista della salute.

La comunicazione assertiva non è solo un'abilità, ma una filosofia di vita che può trasformare radicalmente il modo in cui interagiamo con i nostri pazienti e colleghi. Abbiamo approfondito tecniche pratiche, strategie innovative e riflessioni profonde, tutte mirate a rafforzare il nostro impegno verso una pratica medica più umana, empatica ed efficace.

L'Empatia come Fondamento

L'empatia è il cuore pulsante della relazione medico-paziente. Comprendere le emozioni, i bisogni e le preoccupazioni dei nostri pazienti ci permette di fornire cure più personalizzate e di costruire rapporti di fiducia duraturi. Abbiamo esplorato come l'ascolto attivo, la validazione e la comunicazione non verbale possano migliorare significativamente la qualità delle interazioni e promuovere un ambiente di cura positivo.

La Resilienza Emotiva

Abbiamo anche discusso l'importanza di mantenere una mente sana e resiliente nel contesto lavorativo. Le tecniche di gestione dello stress, l'autocura e il bilanciamento tra vita lavorativa e personale sono strumenti essenziali per prevenire il burnout e garantire che possiamo continuare a offrire il meglio di noi stessi ai nostri pazienti e colleghi.

Un Percorso di Crescita Continua

La strada verso l'assertività e il benessere emotivo è un viaggio continuo. Ogni giorno offre nuove sfide e opportunità per mettere in pratica le competenze acquisite e per crescere ulteriormente. Ti incoraggio a continuare a sviluppare queste abilità, a riflettere sulle tue esperienze e a cercare costantemente modi per migliorare.

Il Potere della Condivisione

Infine, ti invito a condividere questo libro con i tuoi colleghi. La conoscenza cresce e si arricchisce quando viene condivisa. Suggerire questo libro ai tuoi colleghi può aiutare a creare una cultura di comunicazione assertiva e benessere emotivo all'interno della tua organizzazione. Insieme, possiamo fare la differenza, migliorando non solo la nostra pratica professionale, ma anche la qualità delle cure fornite ai pazienti.

Grazie per la fiducia che hai riposto in questo percorso. Sono convinto che le competenze e le strategie che abbiamo esplorato insieme ti saranno di grande aiuto nella tua pratica quotidiana e contribuiranno a migliorare significativamente la tua vita professionale e personale.

Ti auguro il meglio in questo viaggio di crescita e miglioramento continuo. Ricorda sempre che ogni passo avanti, per quanto piccolo, è un passo verso una versione migliore di te stesso.

Continua a coltivare l'empatia, la resilienza e l'assertività, e non smettere mai di credere nel potere della comunicazione.

Con gratitudine e stima,
Alessandro Ferrari

COLLANA DI LIBRI SULLA COMUNICAZIONE ASSERTIVA

Esplora la serie completa sui diversi aspetti della Comunicazione Assertiva, ognuno dedicato a specifiche sfide comunicative in vari ambiti della vita personale e professionale. Ogni libro è ricco di strategie pratiche e consigli esperti per potenziare il tuo modo di comunicare, arricchendo così le tue relazioni e la tua vita professionale.

Comunicazione Assertiva nelle Relazioni Personali
Approfondisci come migliorare le tue relazioni più intime attraverso tecniche di comunicazione che rispettano sia i tuoi bisogni sia quelli altrui. Perfetto per chi cerca di rafforzare i legami con partner, amici e familiari.

Comunicazione Assertiva con i Figli
Impara a stabilire un dialogo efficace e costruttivo con i tuoi figli. Questo manuale è una risorsa indispensabile per i genitori che desiderano influenzare positivamente lo sviluppo emotivo e comportamentale dei loro bambini.

Comunicazione Assertiva sul Web
Naviga il mondo della comunicazione digitale con assertività. Scopri come mantenere la tua presenza online rispettosa e influente, gestendo efficacemente le interazioni sui social media e oltre.

Comunicazione Assertiva per Leader
Questo libro è essenziale per i leader che aspirano a ispirare e guidare i loro team con integrità. Scopri come motivare e gestire le persone in modo efficace e rispettoso.

Comunicazione Assertiva per Venditori

Eleva le tue tecniche di vendita con principi di comunicazione assertiva che ti aiuteranno a chiudere più affari senza essere invadente.

Comunicazione Assertiva nel Public Speaking

Migliora le tue capacità oratorie e impara a presentare le tue idee con chiarezza e convinzione, catturando e mantenendo l'attenzione del tuo pubblico.

Comunicazione Assertiva e Autostima

Esplora il legame tra autostima e comunicazione efficace. Scopri come rafforzare la tua sicurezza interiore attraverso tecniche assertive.

Comunicazione Assertiva per Medici e Professionisti della Salute

Fornisci cure migliori con una comunicazione chiara e compassionevole. Questo manuale è una guida fondamentale per medici, infermieri e altri professionisti del settore sanitario.

Comunicazione Assertiva per Insegnanti ed Educatori

Trasforma il tuo ambiente educativo con strategie di comunicazione che favoriscono un apprendimento più efficace e relazioni più positive.

Comunicazione Assertiva e Mindfulness

Unisci la consapevolezza della mindfulness con le pratiche di comunicazione assertiva per un approccio più centrato e pacifico nelle tue interazioni quotidiane.

Ogni libro di questa serie rappresenta un passo fondamentale per chiunque desideri padroneggiare l'arte della comunicazione in vari contesti della vita. La capacità di comunicare assertivamente è più che una competenza; è un investimento nel tuo benessere personale e professionale.

Non perdere l'opportunità di trasformare il tuo modo di interagire con il mondo: acquista i manuali oggi stesso e inizia a costruire relazioni più forti e soddisfacenti. Cercali anche su Amazon.

RINGRAZIAMENTI

Concludere questo libro mi offre l'opportunità di esprimere la mia profonda gratitudine a tutte le persone che hanno avuto un ruolo cruciale nel mio viaggio personale e professionale. Ogni parola in queste pagine è frutto non solo delle mie esperienze, ma anche del sostegno e dell'ispirazione ricevuti da molti.

Innanzitutto, desidero ringraziare le oltre 135.000 persone che hanno partecipato ai miei corsi, acquistato i miei videocorsi o libri, e coloro che mi hanno scelto come loro consulente o formatore aziendale. Ogni interazione con voi è stata una fonte di ispirazione e un'occasione per affinare ulteriormente le mie competenze e conoscenze. La vostra fiducia e il vostro entusiasmo hanno reso possibile la realizzazione di questo libro, dedicato a migliorare la comunicazione assertiva e la gestione della salute mentale per i professionisti della salute.

Un ringraziamento speciale va alla mia famiglia: mia moglie e i miei figli, che hanno dimostrato una pazienza e un sostegno incrollabili. Grazie per aver compreso e supportato il tempo che ho dedicato allo studio e al lavoro, anche quando questo ha significato meno tempo da passare insieme. La vostra forza e il vostro amore hanno reso possibili molti dei miei successi, e il vostro incoraggiamento è stato fondamentale nel mio impegno a scrivere questo manuale.

Non posso dimenticare di esprimere la mia gratitudine verso la mia passione per la crescita personale e la mia curiosità insaziabile. Queste qualità mi hanno spinto fin da giovane a esplorare nuove conoscenze e a cercare di comprendere il mondo e le persone intorno a me. Sono stati i motori che mi hanno spinto a creare un libro che possa aiutare i professionisti della salute a sviluppare competenze di comunicazione assertiva e a migliorare le loro interazioni quotidiane con pazienti e colleghi.

Un sentito ringraziamento va anche a coloro che mi hanno criticato, giudicato o osteggiato. Ogni critica è stata un'opportunità per imparare, crescere e sviluppare una resilienza che è diventata fondamentale nel mio percorso professionale e personale. Grazie per avermi insegnato l'importanza dell'autocritica e per aver contribuito, seppur indirettamente, al mio sviluppo.

I miei genitori meritano una menzione speciale per il loro sostegno incondizionato. Fin da adolescente, hanno incoraggiato e supportato il mio desiderio di apprendere e crescere, anche quando ciò comportava sacrifici economici significativi. Purtroppo, mio padre ci ha lasciato, ma so che continua a guardarmi e a incoraggiarmi da lassù. Senza il loro incoraggiamento, non sarei la persona che sono oggi.

Infine, ma non per importanza, grazie a te, lettore, che hai scelto di dedicare tempo a questo manuale. Spero che le pagine che hai letto ti siano di ispirazione e di aiuto nel tuo percorso di crescita nella comunicazione assertiva e nella gestione della salute mentale. Sarò felice di ricevere un tuo feedback; ogni tuo pensiero o suggerimento sarà prezioso per migliorare ulteriormente il mio lavoro.

Sentiti libero di lasciare una recensione o di scrivermi direttamente all'indirizzo a.ferrari@afcformazione.it. Il mio augurio è che ogni lettore possa trovare in questo libro la stessa passione e ispirazione che mi hanno guidato nella sua stesura. Continuate a cercare, a imparare e a crescere. Grazie per aver intrapreso questo viaggio con me.

Alessandro Ferrari

NOTE SULL'AUTORE

Alessandro Ferrari è un imprenditore, master trainer, e autore con una esperienza di oltre quarant'anni nel mondo aziendale, durante i quali ha acquisito una vasta esperienza e formazione con alcuni dei più importanti coach a livello mondiale.

La sua carriera ha avuto inizio nel campo scientifico e tecnico, ma ben presto si è orientato verso il mondo delle vendite e della comunicazione, iniziando a soli 17 anni come venditore porta a porta di assicurazioni sulla vita per mantenere i suoi studi. La sua abilità e dedizione lo hanno rapidamente portato a ricevere offerte di posizioni di rilievo, come quella di Capo Settore, offerta che decise di rifiutare per perseguire nuove opportunità come venditore per una delle maggiori Multinazionali mondiali nel settore Food.

Dopo tre anni di successi come agente, Alessandro è stato promosso a District Manager, ruolo che gli ha permesso di sperimentare il metodo della Job Rotation, approfondendo la sua conoscenza in tutte le divisioni aziendali. Questa esperienza gli ha fornito una profonda comprensione delle dinamiche aziendali che ha saputo trasferire nei suoi successivi ruoli direttivi in varie aziende italiane di rilievo.

Nel 2007, Alessandro ha fondato la sua prima società di consulenza e formazione, diventando in breve tempo un punto di riferimento nel settore in Italia. Ha formato più di 135.000 persone sia in aula che direttamente nelle aziende, condividendo la sua esperienza pratica e non solo teorica, accumulata sul campo.

Nel 2015 ha lanciato "ASSO DELLA VENDITA", un portale e percorso di formazione professionale dedicato a marketing e tecniche di vendita, frutto di oltre 30 anni di esperienza diretta. Inoltre, il suo roadshow sulla Comunicazione Assertiva ad oggi è già stato seguito da oltre 25.000 persone, proseguendo ora con una nuova edizione online.

Oggi, Alessandro è considerato uno dei maggiori esperti italiani di Comunicazione Professionale, Comunicazione non Verbale, e Strategie di Vendita. È un pioniere dell'Inbound Marketing e autore di numerosi eBook e videocorsi che hanno riscosso grande successo in Italia e all'estero.

Alessandro condivide la sua esperienza non solo attraverso i suoi corsi e libri, ma anche come consulente e formatore per chi cerca di crescere professionalmente e personalmente. La sua missione è quella di aiutare individui e aziende a comunicare e vendere con successo, offrendo anche consulenze gratuite per coloro che desiderano esplorare come le sue competenze possano essere di aiuto nei loro percorsi professionali.

www.ingramcontent.com/pod-product-compliance
Lightning Source LLC
Chambersburg PA
CBHW071220260726
48653CB00042B/1410